高情商

如何升级你的掌控力

说服术

王 冰

－编著－

四川美术出版社

图书在版编目(CIP)数据

高情商说服术：如何升级你的掌控力 / 王冰编著. 一成都：
四川美术出版社，2019.8(2022.12 重印)
ISBN 978 - 7 - 5410 - 8695 - 3

Ⅰ. ①高… Ⅱ. ①王… Ⅲ. ①说服 - 语言艺术 - 通俗读物
Ⅳ. ①H019 - 49

中国版本图书馆 CIP 数据核字(2019)第 146705 号

高情商说服术：如何升级你的掌控力
GAO QINGSHANG SHUOFU SHU：RUHE SHENGJI NIDE ZHANGKONG LI

王冰　编著

策 划 人	杨建峰	
责任编辑	秦朝霞　田倩宇	
责任校对	周　昀　袁一帆	
出版发行	四川美术出版社	
	成都市锦江区金石路 239 号	
成品尺寸	208mm×143mm	
印　　张	5	
字　　数	118 千字	
印　　刷	三河市众誉天成印务有限公司	
版　　次	2019 年 8 月第 1 版	
印　　次	2022 年 12 月第 3 次印刷	
书　　号	ISBN 978 - 7 - 5410 - 8695 - 3	
定　　价	36.00 元	

　　我们每一个人都生活在一种人际关系里，交流情感、交换信息、传递知识、表达观点、说服对方，每天都需要与人沟通、交流。如何说出的话悦耳动听，如何说好赞美话、幽默话，如何与别人共情，如何让别人喜欢你，都需要掌握语言艺术。

　　在所有的语言沟通方式中，说服，又因为"一言之辩，重于九鼎之宝；三寸之舌，强于百万之师"而具有巨大威力，"一言可以兴邦，一言可以丧邦。"所以，掌握高情商说服术就显得特别重要。古有苏秦、张仪游说诸侯，诸葛亮说服周瑜联手抗曹，今有中国外交展示国际影响力，每一项都与说服有关。

　　我们每一个人的日常生活中，都会常常使用说服去影响别人。在家里，要说服父母、配偶，教育子女；在职场中，要说服上司采纳建议，说服下属、同事配合工作，说服客户推广产品，说服对手推进谈判，说服听众接纳观点，说服贯穿于我们每个人生活的点点滴滴。世界上没有任何一种力量会比你去影响和说服身边的人更能够体现你的影响力、掌控力。

而要能很好地说服别人，并不是一件容易的事情，这里面有许多的技巧和智慧。要用一种高情商来驾驭你的语言能力，说出的话要观点明确，逻辑顺序严密，层层剥笋，掌握策略；要运用数据分析、事例旁证，论据充分，论理清晰；要营造和谐氛围，分清对象，注重方法，一人一理。如果你把各种说服技巧都融会贯通，应用得炉火纯青，你就可以成为说服达人。

为了更好地帮助读者提升高情商说服艺术，升级掌控人际关系的能力，本书编委会特意编著了这本《高情商说服术：如何升级你的掌控力》一书。本书通过大量图片和案例，深入浅出地从一个全新的角度阐释了说服艺术，归纳和总结了成功说服他人的各种方法和技巧，内容涉及方方面面。从日常的人际沟通、职场生涯、高端谈判、辩论到家庭生活，都帮你全面提高说服艺术，升级你掌控各种人际关系的能力，从而提升你的高情商人格魅力。

期待本书帮助你成为说服达人，提升你的影响力、掌控力。

2019 年 5 月

01

所谓情商高，一开口就能说服所有人

02

说服同事，让所有人都能配合你

03

说服客户，这样说客户才会听

04

说服对手，在博弈中掌握主动权

05

说服家人，让你爱的人听你的

所谓情商高，
一开口就能说服所有人

一言定兴衰，一言定成败

　　说服力是现代人的一项核心竞争力。 代表着一个人的情商，体现着你的思想、学问、素养和眼界。 比拥有一项核心技术更能体现你的实力。 如何经营好家庭关系，处理好职场与同事的关系，建立起与客户和竞争对手的关系，影响社会大众对你的看法，都体现着我们的说服能力。 而拥有高情商，就可以圆润融通地把这各种关系处理到恰到好处。 良好的说服能力，可以使家庭关系更和谐，使自己职场之路更畅通，使客户被你打动而促成销售，使竞争对手变成合作伙伴。

　　说服力就是一种战斗力。 它可以成为你掌控各种局面的能力。 使你统筹全局，掌握话语权，影响别人的思想和决策，达成自己期望的目标。 使自己成为一个有影响力和掌控力的人。

　　而要提升说服力，除了自己的综合素养，就要掌握各种说服技巧。 使自己说出的话具有"扭转乾坤"的作用。

1. 运用一语双关技法

说服中，表面上言此，实际上说彼，这是使用频率很高的双关法。双关语很有作用。

从前，有个县官到王庄办公。走到一个岔路口，不知如何走，正巧遇见一个农夫，县官大声问道："喂，老头，到王庄怎么走？"那农夫不理会。县官大声要他停下。农夫说："忙着去看稀奇事。"县官问："什么古怪的事？"农夫一板一眼地说："刘庄有匹马下了一头牛。""真的？马怎么会下牛呢？应该下马才对！"县官不信，农夫煞有介事地回答："世上的怪事多着呢，畜生的事我如何得知？"

面对无礼的县官，直言相劝当然于事无补，农夫智用双关讽刺了官员，借字面的"畜生"，斥责官员不懂礼数，手法高明得很。

双关是一种绝妙的说理方法，遵循文明用语、以理服人的原则，格调高尚文雅，内容纯净正派，以德胜人、以理服人，不落俗套。

2. 机巧应答制服刁问

在说服中，还可以使用以谬制谬，指东说西，答非所问。

1935 年，在巴黎大学的博士论文答辩会上，法国主考人给中国留学生提出了一个奇怪的问题："《孔雀东南飞》里为何不写'孔雀西北飞'呢?"陆侃如应声答道:"西北有高楼。"陆侃如引用了我国《古诗十九首》中的名句"西北有高楼,上与浮云齐",孔雀不能飞过去只好向东南飞了。真是问得奇怪,答得巧妙。

这种应答方法非常机智,使对方无话可说。

3. 灵巧仿接,反弹对手

说服还可以模仿他人的语言,产生同构意悖的效果,运用此法往往能置对手于窘境,使其无言以对。

运用此法,关键在于相似。 我们看下面这则故事:

从前一位财主习钻刻薄。一次,一位长工踩死了一只鸡,他便乘机敲诈,对长工说:"你踩死了一只能生蛋的公鸡,必须赔我下蛋的公鸡,否则,扣发你的工钱。"

长工回到家后一直闷闷不乐。妻子得知后说自己有办法。

第三天，长工妻来到财主家。财主问道："你丈夫怎么不来呢？"

长工妻答道："他生孩子呢。"

财主吼道："胡说，男人生什么孩子？"

长工妻反驳道："男人不能生孩子，同样公鸡也不能下蛋。"

财主无言以对。

在运用此法时还要注意场合和对象，不能对好友用此法。否则容易造成气氛不协调，伤了和气。

4.正话反说，形褒实贬

正话反说是用反话说服对方。比如，使用否定的语言表达肯定，用责怪的语言表达感激等。 正话反说，表面是肯定，实际是否定，形褒实贬，形成对比。 这种言此意彼的言语方式被广泛应用于生活之中。

此法有很大作用。 它可以鞭挞丑恶，讽刺落后。

小陈去某商场买布料，她选中了一块灰色大方格布料。可她发现布口不正，不是沿方格走的，所以，要求修改。售货员不耐烦地说："你这人光考虑自己，得替下一个买家想想。"

小陈听后很恼火，回答道："你把布扯得真直，真会替别人着想！"令售货员无言以对。

正话反说，可提高说服对方的力度，使对方自知理亏而默认你。 但也要注意场合，不可滥用，因为它具有很大的攻击性。

以情动人，才能打动人心

说服别人时，利用情绪影响对方，往往会起到令人意想不到的效果。利用情绪有诸多手段，或和风细雨，以情喻理；或和善亲切，温情动人；或慷慨激昂，以壮声色。抑扬顿挫的音调，恰当变化的节奏，适时调整的表情，都能起到情绪感染的良好作用。只要平时用心，注意培养，你就能掌握这一方法。

具体表现有以下几种方式：

1. 声情并茂

1974 年，中国刚进入联合国不久，随着中国在世界上政治地位的日益提高，有的大国敌视，有的小国不安。针对这种问题，邓小平在联合国第六届特别会议上，庄严地向世界宣布：中国不做超级大国，现在不做，将来也永远不做。邓小平的讲话，赢得第三世界国家普遍的认同和支持，使中国获得了极高的国际威望。

邓小平的讲话，内容固然重要，而他饱满的政治激情和庄重练达的政治家风度，也为他的讲话增色不少，起到了强烈的感染听众的作用。

2. 和声细语

说服要因人因地而异，对象不同，情感色彩也要不同。境况变化，情感色彩也要随之变化。朋友、亲人之间的说服应当在亲切、友好、融洽的气氛中进行，避免伤害彼此感情。

1955 年亚非国家在万隆举行会议。与会代表团从各自利益出发互相驳斥，久久不能达成协议。周恩来总理针对这种情况，迅速整理思路，以委婉的语气说："我们不是来争吵的，是来求同的。既然我们有许多共同语言，何不就我们共同的地方取得一致意见，而保留我们各自的分歧呢？"并且提出了"和平共处五项原则"。他高屋建瓴的思想境界深深折服了与会代表，他和风细雨的语言，温润地浇开了大家心中的壁垒。与会代表求同存异，很快就共同的利益达成了一致意见。并于会上发表了《关于促进世界和平与合作的宣言》，把"和平共处五项原则"全部包含在内。周恩来总理也由此以杰出的外交家和政治家而享誉海外。

3. 威形于外

在说服对手时，有时需要有一些威仪，从气势上迫使对方让步，接受自己的建议。如唐雎与秦王之辩，如果唐雎不以死相威胁，没有愤怒地按剑而起，秦王是无论如何都不会屈服的，唐雎的情感色彩在他和秦王论辩的胜利中起了决定性的作用。

情绪感染如果运用得当，可以充分打动对方，使他们在心理上与自己趋同。当然，这些都要求说服者能够拿捏好分寸，掌握好度，使情感引起对方共鸣，从而在心理上接受你。

生活处处皆可展示你的说服力

孔雀为什么往东南飞？为什么不说孔雀西北飞？

"西北有高楼，上与浮云齐"，所以孔雀不能往西北飞。

问得奇怪，答得巧妙。问者故意刁钻，答者机智以谬制谬。

小孩子不可以说谎。

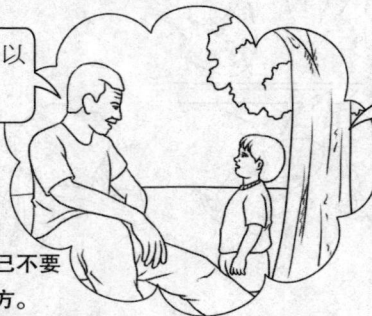

那大人是不是就可以说谎？你上次告诉我说中药不苦。

说服别人，自己不要留下把柄给对方。

被告把原告胳膊扭成了重伤，是主观故意，必须判刑。

被告当时是正当防卫，否则受伤的就是被告。

攻防结合，避实击虚，才能赢得主动权。

争取主动，掌握话语权

乾隆年间，通州胡长龄考中了头名状元。乾隆看他一表人才，有意招其为驸马，便派主考官王御史探他的口风。可不承想，胡长龄婉转谢绝了，言道："我已成亲。"

乾隆没料到胡长龄会这样做，心想：胡长龄真不识抬举，请你上轿你却不上，我倒要看看你那结发之妻到底是个什么样的美人。

于是，乾隆下了一道圣旨宣胡氏进京。

这一日，穿着朴素的胡氏大大方方地进殿拜见皇帝。

跨殿槛的时候，她轻轻地撩起裙角，口中说道："我村姑草裙，千万别污了万岁爷的金槛。"乾隆一听心中诧异，此女子竟如此识礼。

他抬眼一看，她并不是位美人。此女相貌平平、皮肤黝黑，身材也没有一般女人的娇小婀娜，而是人高马大。特别是那双裙下的脚，与"三寸金莲"相比，确实奇大无比。

乾隆不禁脱口而出："脚真大啊。"

胡氏知道皇帝是取笑自己，从容道："脚大胜似舢护履惊涛。"

乾隆说："依你所说是脚大好了。那么，朕宫中嫔妃姨好，人人是金莲小足，你说如何？"

胡氏有条不紊地答道："足小宛若画舫过浪巅。"

乾隆听出，这是胡氏在反讥三寸金莲的弊端，但心里却很佩服她的胆识。于是，吩咐茶水招待。胡氏品了一口香茶后，随口吟道："饮香茗遥念故乡水。"

见胡氏如此思乡，乾隆为之感动，便传旨让其洗尘。胡氏又说："食俸皇粮当思耕夫辛。"

由此，皇上更加钦佩她，便出了个上联让她对下联："远闻通州出才子。"

胡氏信手拈来，张口便答："近观皇宫多佳人。"

乾隆见状再来一联："冠授官，官戴冠，官被冠管。"

胡氏思考少顷，对答道："仁教人，人压仁，人受仁欺。"

乾隆听后，自知理亏，非常赞赏胡氏，更赞叹新科状元当官不负结发妻的可贵品质。他一时兴趣大起，挥笔写下"翰墨竹梅"四个大字，并命工匠刻成匾，赠予状元夫妇，以表敬意。

这位胡氏的例子就是在不利的情况下尽力争取主动，获得了奇效。

层层剥笋，让对方心服口也服

笋在成为竹子之前，是有多层外皮包裹的，剥笋时总得一层层地剥开，才能剥到所需要的笋心。所谓层层剥笋说服法，就是在说服他人的过程中紧扣主题，从一点切入，由小至大，由远至近，由浅到深，由轻到重，逐层展开，直至揭示问题的本质，进而达到诱导对方接受自己观点的说服方法。恰当地运用层层剥笋术，可使我们的论证一步比一步深化，增强语言的说服力量。

有一天，孟子觉得齐宣王没有当好国君，于是对齐宣王说："假如你有一个臣子把妻子儿女托付给朋友照顾，自己到楚国去了，等他回来时，他的妻子儿女却在挨饿、受冻，对这样的朋友该怎么办呢？"

齐宣王不知道孟子的用意，于是非常干脆地回答说："和他绝交！"

孟子又问："军队的将领不能带领好军队，应该怎么办呢？"

齐宣王也觉得问题太简单，于是以更加坚定的口气回答："撤掉他!"

　　孟子终于问道："一个国家没有治理好，那又该怎么办呢?"

　　齐宣王这才明白了孟子的意思——国家治理不好，应该撤换国君。虽然齐宣王不愿接受这种观点，但是在孟子层层剥笋的巧妙言说之下，也只有忍受这种观点了。

　　复杂难说的事要由浅入深地论证说明，假如孟子一开始就提出第三个问题，齐王肯定要愤怒。我们在劝说领导的时候可以使用这种方法。

　　运用层层剥笋法进行说服，需要在说服前，把论证方案设计得环环相扣，天衣无缝。如此一来，对方才有可能在我们的说服逐层展开的过程中"心服口服"。

激将说服，要因人而异

激将说服，指的是用反常的说服语言去激励对方，促使其下决心做好我们本来就希望他们做好的事。

实践告诉我们，在做思想工作时，绝对不能只用一种方法，应该随着工作对象及其思想的变化而不断变化。有些方法，适用于某人某事，但不一定适用于所有的人和事。对某些人，只要晓之以理，动之以情，耐心相劝，就能打动他，直至说服。

用同样的方法，另一些人可能就不会接受你的说服，哪怕你磨破嘴皮，他还是一意孤行。如果你改变方法，突然给他一个强烈的反刺激，说不定能使你的说服得到意想不到的效果。

三国时期，曹操大兵压境，刘备手下缺少良将，急需老将黄忠再次横刀立马，驰骋疆场。老黄忠虽然已经答应领兵抗敌，但诸葛亮对于老黄忠能否成功还是不确定，便故意劝阻黄忠出马，并感叹其年事已高，以此激发黄忠的斗志。

诸葛亮说："老将军虽然英勇，然夏侯渊非张郃可比也。渊深通韬略，善晓兵机，曹操倚之为西凉藩蔽；先曾屯兵长安，拒马孟起，今又屯兵汉中。操不托他人，而独托渊者，以渊有将才也。今将军虽胜张郃，未必能胜夏侯渊。吾欲酌量着一人去荆州，替回关将军来，方可敌之。"

此话显然不是诸葛亮的本意，其目的在于激发起老将黄忠出战取胜的决心。果然如诸葛亮所料，一番话激起了老将黄忠的斗志，他把大刀舞得快似飞轮，并奋然答曰："昔廉颇年八十，尚食斗米，肉十斤，诸侯畏其勇，不敢侵犯赵界，何况黄忠未及七十乎？军师言我老，吾今并不用副将，只带本部兵三千人去，立斩夏侯渊首级，纳于麾下。"

事后，诸葛亮对刘备说："此老将不着言语激他，虽去不能成功。"结果，等到老黄忠挥刀上阵，果然在战场上所向披靡，势如破竹。他先斩两员魏将，后又指挥军队追杀敌人数十里，赢得了"宝刀不老"的夸赞。

由此可见，激将说服只要在适时恰当地使用，就会有意想不到的效果。激将方式的运用，也要因人而异，不可以盲目对任何人都用这一招。一般说来，它对那些争强好胜的人，效果比较明显；而对敏感多疑、谨小慎微的人，很容易产生适得其反的效果。他会把说服者的激将之言看成嘲讽和讥笑，自尊心受到损害，导致"自卑"。如果这样的话，就背离了我们进行激将说服的初衷。

以退为进，退一步可以进两步

如果你是对的，你要坚持自己的观点，说服别人接受，那么最好试着以一种温和的态度和技巧达到目的。退一步实际上可以让你进两步，这就是以退为进的战术。

在说服对方之前先承认自己的错误，这对于大多数人来说很难做到，然而这确实会有助于使对方接受。

从卡耐基住的地方，只需步行一分钟，就可到达一片森林。春天，黑草莓丛的野花白白一片，松鼠在林间筑巢育子，马草长到高过马头。这块没有被破坏的林地，叫作森林公园。卡耐基常常带雷斯到公园散步，这只小波士顿斗牛犬，和善而不伤人。因为在公园里很少碰到人，卡耐基常常不替雷斯系狗链或戴口罩。

有一天，他们在公园里遇见一位骑马的警察，这位警察立即展示出他的权力。

"你为什么让你的狗跑来跑去，不给它系上链子或戴上口罩?"他申斥道,"难道你不知道这是违法的吗?"

"是的,我知道,"卡耐基轻柔地回答,"不过我认为它不至于在这儿咬人。"

"你不认为!你不认为!法律是不管你怎么认为的。它可能在这里咬死松鼠,或咬伤小孩。这次我不追究,但下回再让我看到这只狗没有系上链子或套上口罩在公园里的话,你就必须去跟法官解释啦。"

卡耐基客客气气地答应照办。

他的确照办了——而且是好几回。可是雷斯不喜欢戴口罩,卡耐基决定碰碰运气。事情很顺利,但好运不长。一天下午,雷斯跑在前头,直向那位警察冲去。

卡耐基决定不等警察开口就先发制人。他说:"警官先生,这下你当场逮住我了。我有罪,我没有借口、没有托词了。你上星期警告过我,若是再带小狗出来而不给它戴口罩你就要罚我。"

"好说,好说,"警察回答的声调很柔和,"我晓得在没有人的时候,谁都忍不住要带这么一条小狗出来溜达。"

"的确是忍不住,"卡耐基回答,"但这是违法。"

"像这样的小狗大概不会咬伤别人吧。"警察反而为卡耐基开脱。

"不,它可能会咬死松鼠。"卡耐基说。

"哦,你大概把事情看得太严重了,"他告诉卡耐基,"我们这样办吧。你只要让它跑过小山,到我看不到的地方,事情就算了。"

卡耐基只是抢先道了歉，主动承认了错误，对方就妥协了。

退一步的目的是为了进两步，先表同感是为了进而诱导说服。

会议在进行时往往都会有争论的情况发生，当双方争论得面红耳赤时，争论的重点已非原来的论据，而转为为争论而争论。如果某方以正面反驳，对方是绝不让步的，最终闹成了僵局。此时不妨运用"推不成，拉却成"的方法试试。

如某会议的与会者分成了两派系，甲方赞同的是 A 策略，乙方却赞同 B 策略，双方正僵持不下时，甲方突有一人发表了较客观的论点，说：

"仔细推想起来，B 策略也有它的好处，并非一无可取。"

听了甲方如此一说，乙方立刻便有一名代表起立说：

"说实在的，A 策略确实相当不错，是有其利用价值的。"

于是双方局势已趋缓和，同时 A、B 两策略也同时被采用了，并且甲乙双方也互相道歉言和了事，这就是"推不成，拉却成"的典型例子。

又如吵架的一方正欲向对方挥拳时，若对方以和善的语气向他道歉，本欲挥下的拳头顿时失去了目标而缓缓垂下，一场火药味浓烈的争斗也顿时熄灭。

以退为进，是解决许多纠纷的好方法。如果双方都不后退，只能把紧张关系推向恶化。

所谓情商高，一开口就能说服所有人

电影院

友情提示：请年轻的美女取下帽子，年长体弱的女士不必取下。

这个"提示"让所有女士都取下了帽子，毕竟谁愿意当别人眼里年长体弱的老婆婆呢？

不想承担别人高额的医药费，请乖乖清扫门前雪。

如果有人在你门前摔伤，你将负全责。

你知道"螳螂捕蝉，黄雀在后"是什么意思吗？

在考虑问题、处理事情时，不要只顾眼前利益，不顾后患。

旁敲侧击，绕个圈子说服

西方人有个习俗：男子戴帽，入室必摘下。而女士戴大檐帽，在室内可以不摘。

某电影院常有女观众戴着帽子观影。坐在她们后排的人，十分不悦，便向经理建议，请其发布禁令。

经理不以为然，说："公开禁令不妥，只有提倡戴帽才行。"提建议者听罢大失所望。

第二天，影片放映前，银幕上果然打出一则告示："本院为了照顾年老高龄的女观众，允许您们照常戴帽，不必摘下。"

通告一出，所有戴帽者"唰"一声全都摘下，无一例外，因为西方人忌讳别人说自己老，尤其是女性。

可见，说服他人可以根本不用面对面提出你的意愿，也不用说得明白无误。采用一种旁敲侧击的方法有时候更奏效。

公元前636年，在外流浪19年的晋公子重耳，在秦穆公的帮助支持下，就要回国为王了。

渡河之际，家臣壶叔把他们流亡时的旧席破帷仍然当宝贝似的搬上船，一件也不舍得丢掉。重耳一看，哈哈大笑，说自己就要回国为王了，还要这些破烂干什么。他命令全部抛弃这些东西。大臣狐偃对重耳这种未得富贵先忘贫贱的言行非常反感，担心以后重耳会像抛弃破烂一样，把他们这些陪伴他长期流浪的旧臣也统统抛弃。

于是，他当即向重耳表示，他愿意继续留在秦国，因为在外奔波了19年，自己现在心力俱悴，身体已经像刚才重耳丢弃的旧席破帷一样无法再用，回去也没有什么价值了。

重耳一听便明白了狐偃的意思，马上做了自我批评，并让壶叔把东西一一拣回，表示返回国后，一定不会忘掉狐偃的功劳和苦劳，会与老臣们同心同德，治理晋国。

在对别人进行劝服时，由于种种原因不好直说，往往不能直截了当地点出对方的意见和观点是错误的，这时若能旁敲侧击，以事物启发人，会更通俗易懂为对方所接受。

著名的出版业巨人哈斯特是从创办一份小型报纸起家的。经过几年的奋斗，他拥有了23家报纸和12种杂志。一次，这位杰出的人物遇到了一件十分烦恼的事情：著名的漫画家纳斯特为他绘制了一幅令他大失所望的漫画。

    哈斯特觉得这样子可不行，一定要想办法让他重画一张满意的图画才行。可是怎样才能让那位著名的漫画家纳斯特重画一张杰出的作品呢？而且，还有一个问题就是，这样一来原先那幅失败的作品就会因此而报废，他一定会有挫败感的。怎样才能让他愉快地重画呢？

    当天晚上，大家一起共进晚餐的时候，哈斯特着重对那幅失败的作品好好地赞赏了一番。然后他表示："本地的电车时常造成小孩子伤亡。照我自己看来，那些人明明看着孩子们在街上玩耍，还瞠目结舌地冲上前去。"

这时，纳斯特一跃而起，激动地说道："老天！哈斯特先生，这个场景足以画出一张让人震撼的图画来啊！你把我那张画作废吧，我给你重新画一张更出色的。"就这样，纳斯特异常激动地待在旅馆里，连夜赶制着一幅漫画，第二天果然就送来了一幅异常深刻的漫画。

精明的哈斯特诱使纳斯特主动提出将自己的画作废，并自愿加班赶制一幅新的画卷。这是哈斯特利用暗示来将看似突发奇想的灵感不着痕迹地移植到了纳斯特的心里，使纳斯特兴致勃勃地完成了一幅新的杰作。

对于有抵触情绪的人，正面说服虽然也行却不能达到解除对方的抵触情绪，而如果在形式上加以改变，就能达到正面说服所不能达到的效果。

对比说服，
巧妙地改变对方的思维方式

对比说服，就是指通过真实具体的对比，较好地完成说服的工作。这种方法不落俗套，独具特色，说服的效果也很好。

没有对比，就无法鉴别，对比是"鉴别剂"。在自然界中，高山与低岭，大河与小溪，苍松与劲草，大象与蚂蚁，稍加对比，其大小之别，就清晰可辨。在社会生活中，正义与邪恶，高尚与卑鄙，勇敢与怯懦，慷慨与吝啬，一经对比，其是否之别，则泾渭分明。

实践告诉我们，作为一个说服者，光拥有真理是不够的，还必须掌握宣扬真理、启迪心灵的艺术。巧借对比进行劝导说服，就是这门艺术的一种具体表现手法，也是我们对他人进行思想启迪所必不可少的"制胜武器"。

巧妙地运用对比，能使贪得无厌的人变得心满意足，能使安于现状的人变得积极进取，能使悲观消极的人变得乐观积极，能使盲目自大的人懂得量力而行，能使聪明的人认识到自己的愚蠢，能使弱者发现自己的优点，能使发难者感到理亏。

人与人之间，是通过对比才有了"这一个"与"那一个"之分。每个人都有自己的优劣长短。对比说服，就是根据每个人的不同情况，针对说服对象的思想特点，运用对比方式来说服对方，使之自觉放弃原有的错误观点，改变原有的不科学、不冷静、不实事求是的思维方式，正确地分清是与非、美与丑、善与恶，从而激发其去恶从善、见贤思齐的意识。否则，会变得牵强附会，大大地削弱对比说服的效果。因此，在运用对比方式进行说服时，一定要注意选准对比的角度，把对比的双方置于平等的地位。只有这样，对比起来，谁高谁低、谁优谁劣、谁是谁非，才能够一目了然。

对比说服，应用也比较广泛，不仅仅局限于将说服对象与其他人进行比较。当说服对象在某事物面前难以抉择时，你也可以运用此方法帮他进行判断，实际上是在不劝之中进行说服，在不断之中给予决断。

说服同事，
让所有人都能配合你

学会倾听，是说服的前提

曾经有人这样说："上帝赐给我们两只耳朵和一张嘴，就是要我们多听少说。"虽然这则幽默略有牵强，但结论却是真的。保罗·蓝金曾就各行业的主管在沟通方面所花的时间进行过广泛的分析研究，发现主管人员竟有 70% 的时间用在沟通上。并且在沟通时间中，45% 用于听，30% 用于说，11% 用于读，14% 用于写。因此，听在沟通中的重要性不言而喻。

以下四个方面在交谈中很重要：视觉上，你看到对方说话时的表情和姿态；听觉上，你听到对方所说的话；外表上，你必须对自己的姿态进行调整以表现出对谈话的关注和对谈话者的尊重与重视；在思想上，你要对听取的信息进行认真的分类、分析，以得出有用的信息。

同时，在听的过程中应注意以下几个方面。

1. 鼓励和引导下属说下去

谈话时，如果下属在谈话而管理人员不做任何表示，那么，对方可能会认为你心不在焉而中断谈话。因此，在听的过程中，管理人员应当及时做出表示，如点头赞同、重述下属观点、总结部分谈话内容、说"对""是"等。

2. 要善于听出下属的"弦"外之音

富含张力是语言的一个特点，其含义非常丰富，尤其是谈话有语言技巧或有意遮掩的人，总是话中有话，话中的"话"才是其真实用意。但是如果仅从表面来听，只能得到对方原意的一部分，甚至可能与对方原意相背。因此，在交谈中，管理人员应当通过观察对方的表情、动作，从而认真分析谈话。如此一来，谈话人的想法也就可知了。

下面这则实例是工厂实行弹性工资制后，人事部主任为了解员工意见、想法，同一车间主任小王的一段谈话：

"小王，工资制度改革了，你们怎么看？"

"没什么意见呀，我们能有什么意见呢？有些车间的工作不但比以前轻松舒服多了，报酬也增加了，这不是说明工厂的待遇提高了嘛！"

人事部主任从中听出了小王对制度的不满，因为小王说这话的时候明显有些气愤——大概是指流水线上各车间的工作量和工时定额不同，但工资又和定额挂钩，因而造成各车间之间工作量和工资不成正比；另一种可能是抱怨一车间的负荷太重。于是，他接下来的问题更加直接："小王，你们是不是觉得收入比以前增加了？"

"收入是增加了，但是……"小王欲言又止，似有什么要说。

"那你们是不是对其他车间有看法？"

"那我就实话实说吧，实行弹性工资是好事，多劳多得，少劳少得。但是目前各车间的定额缺乏科学依据——你们计算定额是根据原来各车间的总工作量除以总人数，因此二车间人多，所以定额定得低，所以他们工作也轻松了，报酬又不会少拿。我们车间人又少，工作量又重，大家平时拼死拼活都不一定能完成定额，所以意见很大。"

在这一事例中，正是因为人事部主任听出了小王的"弦"外之音，所以才能及时地发现问题并调整问题，最终了解到他的真实想法。如果人事部主任听到小王说"没什么意见……"后就不再追问了，就不会获知真实的情况，也就不会得知工人的真实想法。

3. 不要随便打断下属的谈话，过早得出结论

有些管理人员喜欢在下属谈话时打断谈话，对谈话进行评论、发表意见，这是一种不礼貌的行为，不但使下属无法充分地表达自己的意见，同时也极可能因管理人员断章取义而使结论陷入片面。

4. 应随时就没听懂的地方进行询问，要不耻下问

还有一些上司在与下属谈话时会出现这样一个问题：有时

明明没听懂，但限于身份、碍于面子而不去请教和提问，结果反而闹出笑话、引起误会。 身为上级，应该具有不耻下问的姿态和修养，同时，这也是领导者沟通艺术的表现。

说服下属善用"攻心法"

俗话说："牙齿还有碰舌头的时候。"同一个部门的下属，办理同一个项目，意见分歧是常有的事。上司为了大局着想，就必然面临着说服下属执行的难题。其实说"难题"也并非不好解决，下面是几个参考：

1. 适度褒扬，顺水推舟

大家都希望被理解，并给予赞美。身为领导者，应适时地给予下属鼓励慰勉，褒扬下属的某些能力，能使他们更用心工作。当下属由于非能力因素拒绝工作时，领导为了调动他的积极性和热情，可以这样说："我知道你辛苦，但这种事情只有你去解决才行，我对其他人没有把握，思前想后，觉得你才是最佳人选。"使对方无法回绝，巧妙地使对方的"不"变成"是"。这一劝说技巧主要在于对对方某些固有的优点给予适度的褒奖，使对方心里认可，从而接受劝说。

2. 将心比心，换位思考

上下级都要将心比心，换位思考。许多说服工作遇到困难，并不是我们没把道理讲清楚，而是双方都只考虑自己。如果换位思考，被劝说者也许就不会"拒绝"劝说者，双方也就容易沟通了。领导者在劝说下属时，尤其应注意这一点。

3. 求同存异，缩短差距

人与人之间肯定有共同观念。作为领导，为了有效地说服同事或下属，应该敏锐地把握这种共同观念，以便求同存异，缩短双方心理差距，进而达到说服的目的。领导者要说服别人，必须做到这一点。而共同观念的提出，则能使激烈反对领导的人，也接受领导的意见，而且会平心静气地听从领导者的劝说，这样，领导者就有了解释自己的观点、获得赞同的可能。

4. 推心置腹，动之以情

古人云："感人心者，莫先乎情。"领导者的说服工作，在很大程度上都是在做情感征服。只有善于运用情感技巧，真诚相对，才能打动人心。感情是沟通的桥梁，要想说服别人，必须跨越这一座桥，才能化解对方的心理堡垒，征服别人。

5. 克己忍让，以柔克刚

当出现意见不统一时，作为领导，切忌用权力去压倒下属。高明的方法应该是克己忍让，对对方礼让三分，以柔克刚，以事实为证。 一旦领导这样做，其高风亮节必然会激起下属的羞愧之心，在无形中便接受了规劝与说服。 这种容忍的风范和"四两拨千斤"的说服技巧非常有用。

6.俏皮幽默，轻松诙谐

不要板着脸劝说别人，这样很容易引起被劝说人的反感与抵触情绪，使说服工作陷入僵局。 在工作中，上级说服部下时，可以加些俏皮话、玩笑话，从而取得良好的效果。 而这种小技巧，只要使用得当，就能把抽象的道理讲得清楚明白、诙谐风趣，使劝说取得良好的效果。

7.为人置梯，保人脸面

如果要改变已经公开的决议，首先要做的就是尽量顾全下属的面子，使对方不至于背上出尔反尔的包袱，下不了台。如果因为没掌握事实而产生分歧，作为领导，为了劝服下属，可以铺台阶说："当然，我完全理解你为什么会这样设想，因为你那时不知道那回事。"或者说："最初，我也是这样想的，后来了解全部情况后，我就知道自己错了。"为人置梯，能解放被说服者，使他体面地收回先前的立场。 在实际工作中，最好单独面谈，让下属避开公众的压力，使其反省。 这样，部下定会顺着你给出的梯子，走下他固执的高楼，同时还会感激你的细心。

会说好听话，让你的下属听你的

有些话不好说，身为上司，怎样说才能减少对下属的打击呢？ 关键是要委婉一些。 如果采用下列方法变通，可能会让下属更容易接受。

1. 变更计划时

如果要更改已经通过的计划，该如何向下属说明？ 如果对下级说："这不是我的意思，都是经理一人说了算，我也没办法！"把责任转嫁给上一级，自己虽然暂时没有了问题，但会导致部下对经理产生不满，甚至怨恨。 或者，一旦下属明白你是在推卸责任，肯定会对你产生极大的反感，你的威信就会受到很大影响。

你更不应该用高压手段制止下属开口，这样做更会引起下属的不满，甚至还会引起下属的逆反心理。 正确的态度应该是动之以情，晓之以理，使下级心悦诚服，这样才不会打击他们工作的积极性。

2. 提案被耽误时

如果你接受了下属的提案，并且满口答应"看一看"，但因为忙碌，忘记看了。可下属又在满怀希望地等待你答复，若下属主动问你："您看过那个提案了吗？"

在这种情况下，你应该坦诚地说："对不起，我现在很忙，实在没有时间细看。不过三天内一定会给你一个满意的答复！"

如果提案需递交给更高一级的上级，但又得不到明确答复，以至于没有确定结论时，最好能说明立场，表示自己已经递交给了上级，却迟迟不见回音。

3. 解雇降级通知时

你自己不想说出的坏消息，就是告诉下属从明天起他就将失去自己的工作。事实上，员工和老板都会为解雇而不安。许多管理人员都承认，他们总想延缓这种冲突和矛盾，希望出现奇迹，或者情况有所改变，最好由员工自己提出。

上司们主动解雇员工是很困难的事，但在现代公司管理中，有时经理不得不这样去做，因为公司需要考虑很多。当经理对某位下属说"我们必须让你走"时，往往有一种负罪感。不仅下属不开心，自己也会觉得是自己的责任。有时会觉得这位下属的失败也是自己的失败，觉得"我不该雇用他"或"如果我在培训他时做得很好的话，我应该看到出了什么问题，然后帮助他"。

总之，不管多么不情愿解雇下属，上司们必须面对，所以，必须学会如何与被解雇员工谈话。这也是一门学问。

一个老板回忆起一位讲话极讲究的人，是这样说的："他就是在我第一次工作后把我解雇的那个老板。他对我说：'年轻人，要是没有你，我不知道我们以后会怎么样。我们来试试吧。'"

当人事调动时，下属被降职，或是调到分店，或是被打入"冷宫"，委派他去干一些鸡毛蒜皮的小事，总之不再受到重视了。上级需要告诉他，并且要耐心安抚，尽量使他能顺利到岗。

后退是为了更好地说服

如果不讲方法策略，而是倚仗权力，把自己的观点强加于人，那样下属可能会口服而心不服。从职场语言艺术的角度而言，需注意以下两点。

1. 妙说，让下属接受自己的观点

作为上级，你首先提出建议，听听下属们的想法，这样是讲究民主，会充分调动下属们的积极性。最后，请大家比较一下，那样他们就会承认上级的办法是最好的，在满足了下属们的主人翁感后，他们会认为这个建议是大家共同讨论的后果，因而会接受上司的提议，从而更加支持上级的工作。

西奥多·罗斯福在担任纽约州长时，每当他想任命某一个人担任什么重要职务时，他总是邀一些议员共同商讨，最后经过大家的一致同意，从而成功地让那个人担任这一职务。

有一次,罗斯福要让蒙特斯当他的州长助理,但为了不让人私下说自己一意孤行,他先请大家推荐他们认为最合适的人选。

他们向罗斯福推荐了第一个人选,罗斯福说:"此人舆论通不过,一个舆论通不过的人不适宜从事政治。"

接着,他们又向罗斯福提出了第二个人选,但他们既不能说出这个人的长处,也说不出他的短处。罗斯福说:"舆论界是不希望这种人占据这个位置的,请你们另外推选吧。"

第三个候选人比较合适些,但仍不完全合适。然后罗斯福向他们表示感谢,并请他们再考虑一下。于是他们就让罗斯福自己推荐一个人来担任这个职务。

后来,罗斯福提议蒙特斯当选时,众议员们纷纷表示赞同。

最后,蒙特斯顺利地当上了罗斯福的助理。在工作时,他也得到了那些议员们的帮助。同时这些议员也都支持罗斯福的工作,使罗斯福的事业更上一层楼。

罗斯福在与那些议员们保持良好关系的同时,成功地进行了某些不合他们利益的改革,但仍让他们心服口服,支持自己的工作。 你能说罗斯福的口才艺术不高明巧妙吗?

2.间接地说,让下属承担某项工作

有些事情直接对下属说,会让下属对上级不满,或许会遭到拒绝,不妨先试试让他一点一点地做。 在他逐渐接受的过程中，慢慢渗透自己的真实意图，到那时就水到渠成了，下属也会欣然接受。

俗话说："心急吃不了热豆腐。"办事也不要急于求成，不能让对方一下子就答应自己的要求，有些事情也要采取"软着陆"的办法，就像我们爬山一样，有时直上直下是行不通的，倒不如采取迂回的方式，更有助于达到我们的目的。

"后退是为了更好地进步。"间接地、巧妙地让下属为自己所用，是上级与下属交往时应该具备的能力，只有这样的上级才能把握住人才，在事业上取得更大的发展。

当众表扬更有效

1. 承认并满足下属的欲望

美国一家全国性的卡车服务公司，只稍稍做了一点变动就大大提升了他们的工作品质。那家公司的管理阶层发现每年的订单有万分之六会送错地方，这使得公司每年得额外赔上 25 万美元的损失，为此，公司特别聘请了戴明博士来分析、解决问题。根据戴明博士的观察，发现这些送错的案子中约一半是因为该公司的司机看错送货契约所致，为了能彻底消除这样的错误，使服务品质得到提高，戴明博士建议最好把这些工人或司机的头衔改为技术员。

一开始公司觉得戴明博士的建议有些奇怪，难道这么简单就能把问题解决？难道换个头衔便可以了？一段时间后绩效就出现了，当那些司机的头衔改为技术员之后不到 30 天，以前偏高的送错率一下子便下降到了万分之一以下，从此那家公司一年可以节省25万美元。

"承认欲望"是一种希望别人肯定自己的心情，也是人类奋斗的动力。如果能利用这种心理作用，即使面对琐事或麻烦的工作，也能激起一个人的干劲儿。

有一所私立中学，在每年的结业旅行时，学校总会布置些任务，但历年来的学生对此都没有兴趣，根本不想去做。所以，有一年，学校就选了一些学生冠以"旅行委员"的头衔，结果很多人积极参加这些工作。事实上，工作的内容完全不变，只是冠上了头衔而已，这种做法也是为了满足学生们的荣誉感。

在现代社会里，以"头衔"为诱导的手段处处可见。一个政治家就是如此，例如他可能是××公司的董事长或经理，又是××学会的会长，有了这些荣誉，往往在竞争时会更有利。

头衔的功效，是建立在人的荣誉感的基础上的，就好像是给人挂上一个正当的名分一样。

有一家中小企业的柜台服务小姐，服务热情不高。有一天，她的上司对她说："你是最好的柜台小姐，就像站在第一线的重要业务员一样。"自此以后，这个柜台小姐的态度就大大改变了。以前，这个小姐总认为自己的工作毫无价值，可领导者的话激起了她的干劲儿。

对意志消沉、没有干劲的职员，最好能让他参与一次重要活动。 有些工厂已经开始采用质量管理制度。 这种做法就是听取在场职工的意见，一边修改流程，一边提高质量。 这种方法是集合全体力量，它不仅提高了质量，还集中了大家的智慧，提高了员工的"参加意识"。

所谓"参加意识"，包含了影响动力的重要因素。 人的内心对和自己有关的事情会产生一种"想了解得更深"的"参加欲望"，即便有意暗示自己不要在意，但这种想法却违背了潜在的心理要求。 例如，平常总因为会议无聊而避免参加，但要是想到只有我一个人没去参加，就会有强烈的被隔离感，这时由于没有得到认同，就产生了一种不满的心理。

听取对方建议，充分地满足其参加欲望，就是对对方的一种认可，它能使对方产生强烈的参加意识，在不知不觉中，态度更认真，干劲更充足。

2. 对下属的工作表示赞赏和认同

能调动个人积极性的不只有物质利益。 当你问员工们是什么让工作变得有吸引力时，首要因素通常不是钱，而是上级对他们工作的赞赏与肯定。 一位聪明的管理者总结出以下6个既不花费金钱又能有效激励职员的方法。

（1）取消意义不大的"当月优秀职员"评选活动

如果评选权在管理者手中，职工们不明真相，会认为那是"政治"活动，因而丧失兴趣。 若是把工作成绩作为评选标准，成绩突出者总是那几个；机会均等的轮流获奖就更不会激起员工的干劲儿。 但是若能想办法让客户给职工一些额外奖励，效果就大大不同了。比如，一位客户储存了一批帽子可用于促销，你就可以安排他们给参与项目的职工每人发一顶，这将会使员工感觉到他的工作存在其他的附加效益。当别人问他："嘿，你在某某公司的工作怎么样？"他会说："工资不高，但时常会有些福利。"

（2）要重视口头表扬

对于利益高于一切的人来说，口头表扬可能是"只听楼梯响，没见人上来"，但对于追求上进的员工来说，它却意味着鼓励。口头表扬被认为是当今企业界中最具实用性的激励办法。

（3）保持肯定的态度

要激励那些有问题意识、有想法的员工，尽管他们的想法并不总切实可行，但作为管理者，你应该倡导百家争鸣、百花齐放，让他们畅所欲言。唯其如此，企业才可生机勃勃。如果你让员工体会到他们是公司的主人，员工们就会主动替公司分忧。

（4）合理恰当地运用身体语言

皱眉头、瞪眼睛、指手画脚，而所有这一切都会被看作是领导者的权力欲和控制欲，而不是员工们值得依赖的小心翼翼地领头羊，其结果必然会使员工产生敌对情绪，合作便举步维艰。

（5）将权力下放给下属

一位低薪员工说："领导者有一次对我说，'这些都需在下午之前装进盒子，打上标签，装进货箱后运到车库，等你做完了，还有别的事情要你帮忙'，然后就走开了。这让我感觉自己是程序中重要的一环，领导对我的信任使我受到鼓励，要证明自己能做好，不让他失望。"

（6）要适度放松和宽容他人

管理人员对员工们偶尔的小小违规行为若能持微笑但缄默的态度，也能营造公司内部健康、和谐的气氛，使员工们感受到宽松的环境，从而愿意更好地为你工作。

赞扬下属是管理者的秘密武器

1. 不可忽视下级的支持和力量

领导，居于等级结构的上层，要清醒地对待下属的赞美逢迎，否则很容易滋生走上层路线的习惯，养成说话办事对上唯命是从、对下颐指气使的作风。你不敢得罪你的上司，却欺压下属，要当心下属的力量，连唐太宗李世民都说过："水能载舟，亦能覆舟。"同样道理，下属及员工也是你的"水"，你的沉浮都与他们有关。

无数经验表明，那些一味谄上欺下者，由于忽视下级的支持和力量，是维持不了多少时间也成不了多大气候的。

作为一个管理者，你的业绩很大程度上取决于你的下属和员工。你的决策再正确，点子再高明，离开下属和员工的支持和实施，也是纸上谈兵。你就好比发动机，没有其他部件一起运作，你能发动得起来吗？虽然你也可能用高压的办法，以势压人，使部下替你工作，但长期压制后，他们会暗中抵制，消极怠工，这样受损的还是你单位的效率。日本的企业主是高明的，他们懂得激发员工积极性，因为他们非常在意员工的需求、情绪和态度，并据此调整政策，从而最大限度地调动了部属的工作热情。 领导的艺术和奥秘就在于，要使员工体会到，领导交代的工作是最大利益和唯一正确的选择。

领导要多听些员工建议，尤其是那些颇有威信、颇有见解的下属和员工的建议，许多事情，只有得到他们的理解和支持，推行起来才会更加顺畅。 你最不愿意看到的是过去已经安排的事以不了了之而收场，这样会让你威信全无，因而一定要看重员工。

领导的形象很需要下属的塑造和宣传。 俗话说得好，"饭要自己吃，好要人家夸"。 你要树立自己的形象，自诩自夸无人当真；但如果是你的部属和员工来宣传，那就会一传十、十传百，既有说服力，又有真实感，会造成一种区域效应或行业效应。 一旦声名远播，你会看到机会接踵而来。 相反，如果上下关系恶劣，即使才华横溢，但臭名昭著之后，谁还能替你卖力呢？

你的下属和员工是最了解你的，所以，你必须关注其反应和态度。 你的一举一动、一言一行他们都会察觉，你一旦冷漠了他们、得罪了他们，无疑是把他们逼向了自己的对手一边，一旦风云变幻，你就会面临众叛亲离的境况。

一定要重视你的下属，真诚地关心他们、夸奖他们。

2. 领导的赞扬是下属最需要的奖赏

假如你看到体重达 8600 公斤的大鲸鱼跃出水面 6.6 米，进行精彩的表演，你一定会叹为观止。 而确实有这么一只创造奇迹的鲸鱼。 这只鲸鱼的训练师向外界披露了训练的奥秘：在开始时他们先把绳子放在水面下，引导鲸鱼从绳子上游过，鲸鱼每次经过绳子上方就会得到食物鼓励，会有人拍拍它并和它玩，训练师以此对这只鲸鱼表示鼓励。 当鲸鱼从绳子上方通过的次数渐渐增多，训练师就会把绳子提高，只不过提高的速度必须很慢，不至于让鲸鱼无法适应。

训练师的鼓励帮助这只鲸鱼飞跃过了这一可载入吉尼斯世界纪录的高度。

一只鲸鱼如此，人类也不例外。 鼓励、赞赏和肯定，会使一个人的潜能得到最大程度的发挥。 上司对下属不要期望太高，下属每进步一点，应及时予以鼓励和肯定，以激励着他们往前冲刺。

人们工作是为了更好地生存和发展，这就有了物质愿望，但除此之外，人们更加追求个人的荣誉。 一次测试证明，89％的人希望自己的领导给自己以好的评价，只有2％的人认为领导的赞扬无所谓。 问到工作原因时，92％的人选择了个人发展的需要。 而人发展的需要是全面的，既有物质利益，也需要精神肯定。 在单位里，大部分人都能兢兢业业地完成本职工作，每个人都非常在乎领导的评价，而上级的肯定是下属最有力的鼓舞。

第一，领导的赞扬可以使下属认识到自己在群体中的位置和价值以及在领导心中的形象。

在很多单位，职员或职工的工资收入都是相对稳定的，人们无法改变。 但人们都很在乎自己在领导心目中的形象问题，对领导态度都非常敏感。 领导的表扬往往很具有权威性，是确立员工在所处团体中的价值和位置的依据。

有的领导善于给自己的下属在突出的方面作排名，使每个人按不同的标准排列都能名列前茅，可以说是一种皆大欢喜的激励方法。比如，小张是招聘的第一，小王是本单位"舞林"第一高手，小郑是单位的计算机专家……大家都有领先的领域，人人的长处都得到肯定，整个集体几乎都是精英分子，你能不说这是一个生动活泼、奋发向上的集体吗？

第二，领导的赞扬可以带给下属认可度和满足感，使其在精神上受到鼓励。

常言道：重赏之下必有勇夫。但物质奖励是一时作用，具有很大的局限性，下属的很多优点和长处也不适合用物质奖励。相比之下，领导的赞扬不仅稳当安全，也不需要多少本钱或代价，就能很容易地满足下属的心理需求。

当你经过两周的日夜工作，精心准备和组织了一次大型会议而累得精疲力竭时，抑或绞尽脑汁解决双方纠纷时，你最需要什么？当然是领导的肯定和他人的赞美。

如果一个下属很认真地完成了一项困难的工作，虽然此时他表面上装得毫不在意，但心里却默默地期待着领导多加褒奖。而领导一旦没有关注或不给予公正的赞扬，他必定会产生一种挫折感，也没有了积极性。会有"反正领导也看不见，干好干坏一个样"这样的想法。因而这样的领导怎么会有人为他效力呢？

领导的赞扬是下属工作的精神动力。同样一个下属遇到不同的领导，工作劲头判若两人，这与领导是否掌握激励方法是分不开的。

第三，赞扬下属还能够清除间隙，密切两者的关系，有利于上下团结。

有些下属长期受领导的忽视，领导对他不批评也不表扬。时间长了，他就会怀疑："领导怎么从不表扬我，是对我有偏见还是妒忌我的成就？"于是心里有了隔阂，没有什么友谊和感情可言，最终和领导形成鸿沟。

真诚的表扬是领导对下属的肯定和赏识，还表明领导很关注下属的事情，对他的一言一行都很关心。有人受到赞美后非常自豪："瞧，我们的头儿既关心我又赏识我，我做的那事就不值一提，不是了不起的事也被他大大夸奖了一番。跟着他干，气儿顺。"互相都有这么好的看法，能有什么隔阂？肯定会团结一心！

每个人都希望别人能够肯定自己的优点和长处，得到他人的认可和赞扬。特别是下属，尤其希望上司能看到自己的努力，得到上司对自己才能的认可。

身为上司，不能忽视了下属的这种心理。不失时机地表扬，一方面是对他人优点、成绩的承认、肯定，另一方面还可以增加和下属间的感情。

3.赞扬下属以笼络人心

有一次，齐威王和魏惠王相约去骑猎。

魏惠王问："齐国有宝贝吗？"

齐威王答道："没有。"

魏惠王听后得意地说："我的国家虽小，尚且有珍珠这样的宝物，光辉能照车前车后十二辆车，这样的珠子共有十颗，难道齐国泱泱大国还缺珍宝？"

齐威王意味深长地回答道："我说的宝贝与您不同。我有个大臣叫檀，派他守南城，楚国人就不敢来犯，泗水流域皆臣服于我；我有个大臣叫盼子，派他守高唐，赵国人就不敢东来黄河捕鱼；我有个官吏叫黔夫，派他守徐州，燕国人和赵国人对着徐州的城门祭祀求福，七千余户迁入并祈求成为齐国子民；我有个大臣叫种首，派他警备盗贼，做到了夜不闭户。这四个大臣，他们的光辉将光照千里，区区珍珠又算什么？"

这段话既是嘲讽魏惠王，使他羞愧难言，同时更是对自己臣下的极好赞扬。 正是通过诸如此类巧妙得当的赞扬，齐威王成功地笼络了大批人才，使一大批诸如田忌、孙膑等杰出人才心服口服，忠于效力。 于是，齐国大治，出现了"坐朝廷之上，四国朝之"的局面。

在现代社会中，这种做法仍有实用价值。 受天性影响，人需要得到他人和社会的承认与肯定，而你诚挚恰当地给予赞扬，是对别人热情的关注、诚挚的友爱、慷慨的给予和由衷的承认，必然会起到鼓励的作用和引发感激的心理效应，从而拉近彼此间的距离，甚至使其"士为知己者死"地报效于你。

4. 表扬能鼓励人们更好地工作

上司应注重对在职员工的表扬，请千万不要怕表扬人，这是激励员工的最好办法，这种办法适用于生活的各个方面。你可能有个非常胖的老婆，但你要说，正是她这种丰满的美吸引了你，这样，她会继续为这个家做贡献。 即使只有某项工作中的一小部分完成得很好，你也要对其大加赞扬。 你可以相信，受表扬的人将会全力以赴把工作做好。 有些领导人常常不敢表扬下级，就怕员工骄傲自满，进而对工作有所懈怠。然而，这种想法完全错了，每个人都希望得到赞扬，表扬是最有效、最省钱的管理工具。

　　雇员们往往抱怨上司，说他只会大声训斥他们的错误，从来不表扬他们。 这种抱怨多得出人意料，甚至长期忠心为公司奉献的人也常常抱怨。 出问题的时候，老练的和有经验的领导不会先责骂下属，而是正确地分析问题，还要肯定雇员多年来出色的工作成绩。

5. 赞扬能改变一个人的精神面貌

　　富兰·塔肯顿是以前的明尼苏达州海盗橄榄球队指挥反攻的四分卫。有一次，他被要求去拦阻擒抱员。

　　这个队的四分卫几乎从不进行拦阻。四分卫一般不愿去拦阻，因为这样的拦阻将使他们面临重创的风险。

　　但这个队比分落后了，需要额外努力才能挽回。塔肯顿上场进行拦阻，跑垒者得到一个底线得分。海盗队胜利了。

　　第二天，大家一起看比赛录像时，塔肯顿希望他所取得的成绩能得到嘉许。

　　但是，没有人说表扬的话。

　　看完录像后，塔肯顿走近教练巴迪·格兰特，问道：

"教练，注意到我的努力了吗？你怎么会对它一点看法都没有？"

格兰特回答道："我确实看到了这次拦阻。妙极了，富兰，你总是很努力。我思量你明白我的心思的。"

"噢，"塔肯顿回答道，"如果下次想让我为队里做出牺牲，你该这么做！"

可见，人是需要被人称赞的。

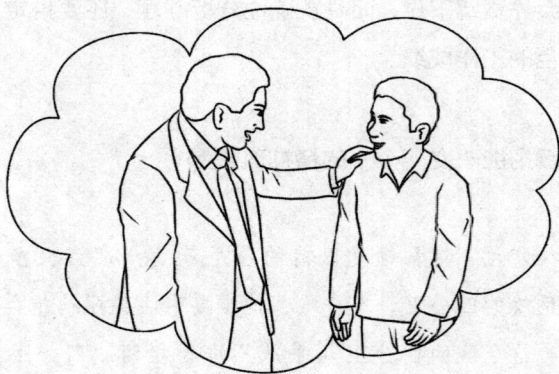

表扬下属是一门高超艺术

　　身为一个管理者，要重视表扬在管理下属中的重要作用，首先要不吝惜表扬。 有位成功的管理者曾经说过：“当今的中上层上司习惯于骂人和警告人，假如可以改为表扬人，可使对方更有信心，更容易发挥潜能。”很多职场管理人也将表扬他人作为一种用人的方法，用这个方法发现人才。

　　当然，表扬不意味着老好人，随便表扬下属，关键是要抓住机会。 要达到这种境界，确实说起来容易，真正做起来不简单。

　　表扬一名员工，都是因为他在某方面的工作令人满意，虽然这一点相同，但表扬却要根据具体情况而论，表扬什么方面，在什么场合进行，对谁进行表扬，这许多的差异，就要求管理人员熟知表扬语言。

1. 表扬什么

之所以表扬一个人，当然是因为他有出色的表现，但是每个人出色的方面有很大不同，有的员工在本职工作中表现突出，做出出色的成绩。但是一些员工是在本身的工作之外，有突出的专长和表现。对这两种情况，表扬应该有所不同。对于在本职工作中有突出表现者，表扬他的成绩，会使他更努力于本职工作，更加自信，一般情况下，可以起到比较好的效果。但是对于工作以外的才能，就要慎重一些了。

有的人对工作之外的才能很厉害的下属，会这样表扬："你今天做这份工作，真是走错了路。做 × ×工作是更适合你的，你在这方面可以做专家了。"这种表扬无异于给你的员工下了逐客令，很容易让人认为你在暗示他不适合现在的工作，这样会伤害员工。

这样的话，员工的工作热情顿时会骤减，即使管理者本无此意，也会使员工产生同样的感觉，这样情况就糟了。

由此可知，同是表扬，管理者表达的效果却会很不相同。

2. 表扬的场合

在职场表扬员工，可以公开地夸赞，也可以私下进行鼓励和肯定。但有时在众人面前大加夸赞会给"榜样"带来一些麻烦和困扰，难以达到预期的目的。

很多管理者有这样的理解，以为在众人面前表扬员工，员工会心存感激。当然，在众人面前指责员工，会使他难堪，是不当的，但表扬有时也是不易的，管理者一定要记住。

聪明的下属被当大家面表扬时，通常是说声表示感激的"谢谢"，就及时离开了，与其说他是害羞，不如说是打消他人的嫉妒。

所以，管理者在众人面前表扬下属，必须注意两点：

（1）是否会令被表扬的人产生不必要的困扰？ 如不利于他和其他员工的合作。

（2）表扬是否恰到好处，有没有根据实情？

3. 暗中表扬

鉴于以上情况，表扬员工时应该注意不要在众人面前大加宣扬。 当着被表扬人的面，不要当众给他造成不安。 那么，管理者可以在他不在场的时候，当着个别同事的面对他加以表扬吗？ "暗中表扬"是不能够达到预期的效果的。

然而，每个员工都有进取心，职场中每个员工总是不由自主地和他人进行比较，因而产生一种优越感或自卑感。

因此，管理者尽量不要表扬不在场的员工。

4. 表扬新员工

若想要表扬新员工，管理者应当注意以下三点：第一要意图明确，不要让员工误会管理者的本意；第二表扬要对具体的事加以表扬，要做具体的表扬；第三要对员工进行善意的表扬。

小张刚进入一家公司时，工作尽心，努力奋进，做出了一定的成绩，上司对他很欣赏，于是当众表扬他说："时下的年轻人大部分都缺乏耐性，但你让我感到惊讶，以后也要好好干。"这样的一句表扬，就会产生误会。首先，小张会思考这个问题："如果我在工作上稍有松懈，上司就一定会说'现在年轻人都不行',很难与这样的管理者一起共事。"无形之中,加重了被表扬者的负担。

另外,泛泛的表扬也是不可取的。 其原因是管理者表扬的话不够具体,没有对其具体成果提出赞赏,就会使员工产生误会,在理解上也会有所分歧。 他会想:"上司今天这样表扬我,是不是对我存在误解? 是不是我太爱出风头了?"因为这种困扰,对职场的管理工作并不会产生积极的作用。

怎样说，领导才会听

与上司说话要把握分寸。体现出尊重和礼貌。

没问题，我这两天就把方案拿出来，放心吧。

上司也是人，多一些关心会让他更喜欢自己的团队。

张总，您这几天脸色有些憔悴，别给自己那么大压力啊，我们大家一起扛着呢。

昨天猎头公司给我打电话说，竞争对手出两倍的工资让我到他们那儿去。我怎么可能到他们那儿去呢？！

谈加薪要拿出自己的实力，让老板看中你的价值。

说出的话要有价值

　　很多下属在上司面前除了汇报工作、讨论事情之外，就好像说不出其他话。 其实，若能轻松愉快地与上级聊聊天，交流一下，不仅可以借此亲近上司，还可以了解上司对你的意见和看法。 但是，交流思想的关键是看你所说的话是否有价值，能否吸引上级去听，否则，你一个人自说自话，自然无法达到与上司交流思想的目的。 因此，在与上级聊天之前，要注意尽可能收集一些上级感兴趣的话题。 那么，哪些话题是上级比较感兴趣的呢？

　　通常来说，上级喜欢留意与自身利益密切相关的内容；对与自己的角色、志趣、经验相关的内容特别关注；容易接受具有权威性的信息；总是喜欢选取以肯定形式出现的信息；希望获得新奇的内容，对某些特殊的消息特别感兴趣；对越是保密的内容就越是想知道，这也是人之常情。 大家都有好奇心，上司领导自然也不例外。

在了解这些以后，就要在平时注意收集、积累，以便在恰当的时候与上级一起交流。掌握了交流的内容之后，对交流的方式也要注意。

首先，要注意交流的语气，措辞尽量委婉一些。尺度掌握不好，说得过火了，弄不好会让领导误解，以为你在嘲讽他。所以，下属一定要注意使自己的口气比较和缓，显示自己对上司的尊重。特别是要使领导明确地认识到，你说的话都是出于做好工作的动机，是为领导着想而没有其他意思。

其次，语言尽量简短。俗话说，言多必失。因此，在和上司沟通时，只要说明大意就可以了，其中的推理可以由领导自己来做，语言越是简短，语意越是含蓄，就越能引起领导的深思，又不至于引起领导不恰当的猜疑。而且，言辞简短更有利于你适当引用领导的话。要知道，正是这些引用，极大地满足了领导的成就感。当你的领导清楚地了解到，你能记住他的话，他一定会增加对你的好感，多几分欣赏和认同，从而能够仔细地倾听你的建议，而对你的不同观点郑重对待。因此，言简意赅、适当引用领导的话不失为引起领导重视和好感的一个好办法。

再次，要注意场合。"自相矛盾"的方法，即用领导自己的话来批驳他的某些观点，最好是在私下场合中运用。因为在私下里，即使你对领导有所触痛，若言之有理，通常而言领导也会采取比较宽容的态度；而在公开场合，这就会演化为领导的尊严和权威问题。他会"为荣誉而战",从而有时变得很不理智,这对下属来说,无疑是自找麻烦,弄不好会让上司非常反感,从而给上司留下一个很差的印象,而影响自己未来的发展。

让上司主动给你加薪

薪水是每个职场中人都关心的问题，因为这不仅直接关系到自己的生活质量，而且也是衡量一个人能力和综合素质的准则之一。

我们希望自己拥有一个体面的职位，一份可观的薪水。因为市场竞争愈演愈烈，生活压力越来越大，所以，人们对薪水的重视程度并不低于工作本身。民以食为天，置身红尘俗世中的我们，望着别人香车别墅、锦衣华服，有几个人可以坦然面对自己一身素衣的窘迫？相同的学历背景，差不多的工作能力，你跟他为什么会有着明显的贫富差异？这个时候，你就会在心里暗暗掂量着自己是否拥有加薪的筹码，是否该主动和老板聊聊加薪的问题，但是又会想：万一加薪不成反而让老板对自己有不好的想法怎么办？该如何开口呢？

事实上，成功加薪的方法有很多，把它们归总起来，大概有下面几条：

1. 谈判的同时表达忠诚

你的目的是加薪，而不是被炒，因此，无论谈判成不成功，都要委婉地表达出自己对企业的忠诚，不能用辞职来胁迫老板，除非你的确已经找好了下家。

2. 迂回表达

假如没有勇气当面找老板谈判，不如采用迂回战术。例如，巧妙地将猎头公司正以双倍薪水来挖你的信息送进老板耳朵。

> 张先生是某物流公司的职员，在公司里已经工作了四年，不管是工作态度还是工作业绩都很好，也没有犯过任何过错。每到过年时，他就想着公司该给自己加薪水了，但是老板却对此视若无睹。他也曾多次暗示过老板，可是老板总是装糊涂。老板平时虽然表现得很大方，但因为是私人企业，加薪是件比较难办的事。若向老板提出要求，又感觉不好意思，害怕被拒绝。有人建议他跳槽，但是他已经习惯了这里的工作环境，不愿意轻易去改变。
>
> 有一次吃饭时，他将有人想挖他的信息在饭桌上装作无意地讲了出来，没料到第二天，老板就找他谈话，说考虑要给他加薪。

当然，这种方法只适合于那些私企，尤其是那些还没有完全成熟起来的私企。在有规范薪酬制度的公司，都会有公正、客观的评价系统，他们会随时关注每一个员工的成长与进步。假如在这些单位，总是用跳槽来作为加薪的借口，会导致领导对你个人的忠诚度有想法。

3. 开门见山地提出

表达愿望要清楚，切忌拐弯抹角。既然决定提了，就不要犹豫不决，而要用最直接、最明白的方法说出你的想法。

秦小姐毕业于北京大学，如今在一家香港公关公司工作。毕业时，她在北京工作，和当地消费水平相比，月薪算是很高了。可是，如今她被调到了香港总部，和香港同行比较，薪水就显得较低了。于是，秦小姐产生了要求加薪的想法。正巧本年度业绩评估报告出炉，秦小姐的业绩表现处于中上等，因此，她决定抓住这个时机和上司谈谈。

在谈话中，秦小姐开门见山，直接表达了自己要加薪的想法。上司微笑着问："你打算怎样说服我?"

秦小姐打开面前的第一份资料，上面记录着她进入公司以后的优秀表现和重大业绩。一一陈述完毕后，秦小姐又打开一份自己自进入公司以后的工资变动曲线图。图表清楚地显示，秦小姐的工资涨幅一直挺低，明显低于同行水平。同时，秦小姐还说，自从来到香港，自己又拿到了 MBA 学位，工作能力大有提升，薪水理应上一个台阶。

老板听完，爽快地说："公司将继续考察你一段时间，如果你的确在工作中表现出了比以前更强的能力，能够考虑加薪。"此后不久，秦小姐的加薪愿望就实现了。

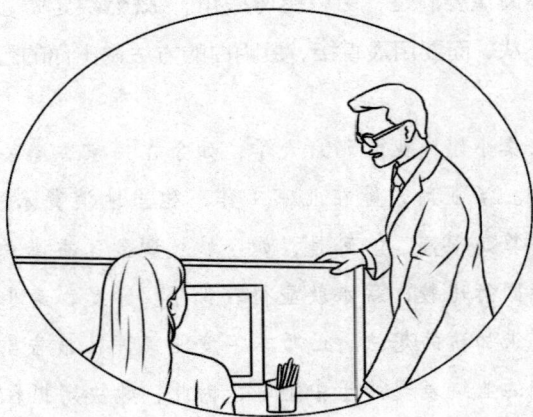

4. 找直接主管解决问题

顶头上司是对你的工作绩效、工作能力最有发言权的人之一。当面找他谈提薪要求不但可以更好地达到目的，也可以避免不必要的麻烦。要明白，每个领导都不喜欢下属越级报告。

5. 抓住发展机会

如果被拒绝加薪，可请求把加薪转变为职业发展机会。比如培训、转到更适合自己的工作岗位上，或者要求参加较大的项目等。

6. 谈工资的百分比

假如工资基数高的话，在谈加薪时最好谈百分比；假如工资额不大的话，则应谈加薪的具体数额。

7. 其他方式

不久前，刘兵和上司提过加薪的事，但是被上司堵了回来。实际上，刘兵的工作业绩向来不错，人际关系也不错，领导在公开场合也表扬过他。后来，老板说："其实刘兵是符合我们公司提薪条件的，可是他当时找我谈话的时候，说话方式有点不对，而我那天心情又不太好，就给他碰了钉子。"

一般来说，员工在和老板谈提薪的时候，在表示自己成绩的同时不要太过强调这点，不然就会显得好像公司全部的成就都是因为有了你。老板也许会和你表明自己的难处，但这并不表示他拒绝了你的要求。这时，你要心平气和地聆听，不要采用强硬的对话态度。

又如，一名员工曾经多次和领导讨论过加薪的问题，但都被领导用这样或那样的原因给挡了回来，有些人碰到他这样的问题，一定不再抱指望了，要么跳槽，要么无奈地安于现状。实际上，谈加薪的时候需要有底气，在追求利润最大化的情况下，公司会节省一切开支。可是，要知道加薪是你的正当权益，不是乞讨。 因此，这名员工的方法就是屡战屡败，屡败屡战，只要不提过分的条件，基本上最后都是可以成功的。 老板不答应你的加薪要求，请先不要垂头丧气、急着想掉头就走，不如当场讨教上司"到底如何才能达到加薪的请求"。 若老板能真凭实据地列举出你有待进步的地方，那你就铭记在心，及时加以改进，以当作下次谈判的筹码。

说服客户，
这样说客户才会听

把话说到客户心里

　　营销的过程其实就是一个运用营销才能说服对方购买的过程，所以说话的技巧是不可或缺的。 从开始打招呼到引出话题，进入正式谈判，每一个环节营销员都一定要注意语言技巧，说话要得体、巧妙，才能赢得人心。

　　在整个营销谈话过程中，必须注意以下几个原则：

1. 要注意"说三分话，听七分言"的原则

　　在交谈过程中，只有注意别人怎样说，要听明白别人说的话，才能会说话，说出别人爱听的话。 说话的目的就是为了了解对方的心意，而让对方说，你才能抓住对方的心意，所以你的话只是一个引子，只要引出对方说出自己的内在需要，你就可以有针对性地说服对方。

2. 注意用发问的说话方法

　　要了解对方的情况，让对方多说而自己多听，那么提问自然就是必不可少的。 另外，多用发问的方法说话，语气会显

得委婉、更易于接受，因而比较容易收到更好的效果。

3. 需要注意说话的时间和方法以及两者之间的关系

这个原则包括下列几个要点：

（1）谈话应该避免用冷淡的话、否定性的话、诋毁他人的话、太专业化的用语以及过于深奥难以理解的话。

（2）每次商谈的时间大致以 30 分钟为主。

（3）重视开始的时间，因为开始的 1 分钟胜过接下来的 30 分钟。

（4）重视刚开始的话，因为开始时的几句话胜过以后的几十句。 往往是开门见山的前几句话给人最深刻印象。

（5）说话的速度不可太快，必须让对方听清楚。 如果对方没听清你的话，即使你"滔滔不绝""口若悬河"，又有什么意义呢？

（6）每句话应该空出适当的时间空隙，使得语句分明。

（7）说话的声调应抑扬顿挫，要让听的人感觉舒服。

情理诱导促推销

以引导方式给顾客造成一种错觉，让他们了解推销员是特地为他们精心设计的。换句话说，让他们产生这样的想法：他现在推销给我，是给我提供赚大钱的机会。要让顾客一直这么想："我的运气太好了，机会总是在我需要它的时候出现。"只要让他们形成这样的感觉，你对此法运用得就成熟了。推销员要具备的本事是：你不是为自己推销而推销，而完全是为他们着想，好像这就是你的职责。

一笔交易快要结束时，你可以加上一句："跟你说实话，大概你不会相信，但我还是要说出来，其实这样根本谈不上做生意，而完全是为你们着想。我只是向你们收够成本和劳务费罢了，而你们却因此发大财。初次和你见面时，我不好跟你说这些。不过，现在可就不同了，我终于可以说出来了。"

这些话就是心理诱导，具有间接作用，便于建立长期合作。有时也可直接去诱导顾客，如："这本新书，刚一推销就卖出去很多，书中的内容一定会让你感到舒畅无比，非常有用。怎么样，买一本读读？"

每年，H公司都要举办一场规模盛大的有奖销售大竞赛，推销最多的人既可以得到大笔奖金，而且还可以全家免费享受去国外旅游三个星期。M先生得过销售第一，而尝到了这其中的甜头。今年，有奖销售活动将要接近尾声时，出人意料的是，K先生一下子连续推销了几件商品，业绩立刻就超过了M先生。竞赛结束前一个小时，两人的推销成绩还相差无几，如果谁能在这一小时内卖出三件商品，谁就有资格去旅游了。

为了在关键的时刻掌握主动权，M先生就灵活地应用了此法："说句实在话，最近几年，像这样的高层次的旅游还是头一次。我确实想去旅游！如果您能帮我把握住这次机会，我将会感谢你，不然的话，我只好望奖兴叹了。如果您购买我的商品，您不必支付全部款额，我愿意从得到的奖金中，分给您一部分。同样一件商品，你从我这里购买比在别处购买要便宜好多。商品是同一公司的，绝对没有问题，这您大可放心。这样一来，您可以买到最便宜的商品。而我呢，也可以收获剩下的奖金，还可免费旅游。为了我们彼此的利益，买下吧！"

每位顾客都有贪财心理，只要有利可图，他们都愿意做，即使是他们不需要的商品。

M先生就是抓住了他们这种心理，开展让利销售，因此又一次实现了自己的愿望。

现在，市场上的各类有奖竞猜、摸奖活动，说白了，也就是引诱。群众只关注那些特等、一等的奖品，希望通过一张彩票就能摸到特等奖。但他们却不去关注这些摸奖的命中率是多么低！他们真的就有那么好的运气?

劝说与引导有技巧

为了最终达成交易，使营销工作取得成功，营销员需要锻炼说服能力，包括正面启发和正话反说两种方式。

正面启发是正面告知顾客应该去购买或说出欣赏的话。

为了达到营销目的，营销员少不了需要询问顾客，并从中多收集信息。营销员在介绍商品时总希望引导顾客做出某种反应。他若不用问句，而是这样说："你在别处买不到这么值的东西。"这是一句正面陈述，但它并未暗示买主应当做出反应，甚至也不用点头表示同意，这样的营销很难继续。所以最好用问话，启发顾客做出回应。

营销员诱导顾客购买营销产品，必须得考虑买主的反应。是积极的正面反应，还是消极的反面反应？而能够引起积极反应的问题都是有利的。零售店店员问："你买完了吗？"这是一个消极的问题，是反面启发，暗示买主不该再买了。如果这个店员正面启发："你还要点什么？"事情就会好一些。

反面启发通常比较隐蔽。 比如："你失败的机会只有25％。"这句话是反面启发，它说的是失败的机会；但若换成正面表达"你成功的机会是75％"，它着眼于成功的机会，因此是有利和积极的。

正面劝说还包括正话反说。

一位懂得营销的男人会很体贴，一位懂得营销的女人会很善解人意。 这是对营销员的形象比喻。

一位胖顾客问书店售货员道："有《如何减肥》这本书吗？"

"对不起，刚刚卖完，你要同一作者写的《如何增肥》吗？"

"这听起来是在讽刺我！"

"请别误会，太太，只要按书内建议的反方向去做不就成了。我有一位朋友，几个月前她比您还要胖，有一次来店里买《如何减肥》，当时没有，我就推荐给她《如何增肥》这本书。结果两个月后见到她时，居然瘦了15公斤。"

万事无非一理通。这位顾客经过营销员的提示，感触颇深，于是她买了一本回家准备试试看。

营销员必须有异于常人的头脑与应变能力，稳中求新方能出奇制胜，让我们保持基本的传统，也摒弃那些老掉牙的营销术语吧！

引导，特别是意向引导，在买卖交易中的作用很大。它能使顾客转移头脑中所考虑的对象，产生一种想象。这样，就使顾客在买东西的过程中，掌握主动权，他们心中也产生了一种希望交易成功的愿望。

有时这看起来像是将计就计，但这种谈话模式的确对营销很有用。顾客是否真的想拥有什么暂时不管，推销员只需抓住他所说的话做文章，给他提供一个符合他所讲意思的产品。这时，他就不好反悔事先说过的话了，否则就会感到难堪。这样的情况在我们的生活中常发生。

譬如，我们走进一个服装店里看衣服，但也只不过是看看而已。这时营业员就会上来对你说：

"喜欢哪一件试试吧！"
"这件给我看一看吧。"

"这衣服不错，挺适合您的，穿上去会显得更有气质。"

　　"不过，我不怎么喜欢这衣服的条纹，我喜欢那种暗条纹的。"

　　"有啊，除了暗纹的，还有净色的呢。你看，这是从美国××服装公司进口的，价格也挺公道的，和您刚才穿的类似，做工更细一些，怎么样？试一试吧！"

　　"可是有点贵。"

　　"一点也不贵。像这种价位的还真不多。你到大商场里去看看就明白了，一件卡杰尼牌的衬衫就要好几百块，就连一块手帕也要上百，但这件才90块钱呀！"

　　"还是有点贵啊！"

　　"再便宜我就亏本了，看你真心要，85块吧。"

　　"好吧，我买了。"

　　这个营销员就使用了"引导法"。

　　你说想要什么款式、什么价钱的，他就给你提供你说的那种，使你不得不买。

　　又比如，一个推销小轿车的营销员，如果碰到一位顾客这么说：

　　"这部车，颜色搭配不怎么样，我喜欢那种黄红搭配的。"

　　"我能为您找一辆黄红搭配的，怎么样？"

　　"我没有足够的现金，要是分期付款行吗？"

"如果您同意我们的分期付款条件，这件事由我来办吧，保证让您满意。"

　　"哎呀，价格是不是太高啦，我出不起那么多啊！"

　　"您别急，我可以找我的老板谈一谈，看一看最低能多少，如果降到你认为合适的程度，你买吗？"

　　环环相扣，牢牢地掌握了他的话头。运用这种战术，成功的希望都比较大。

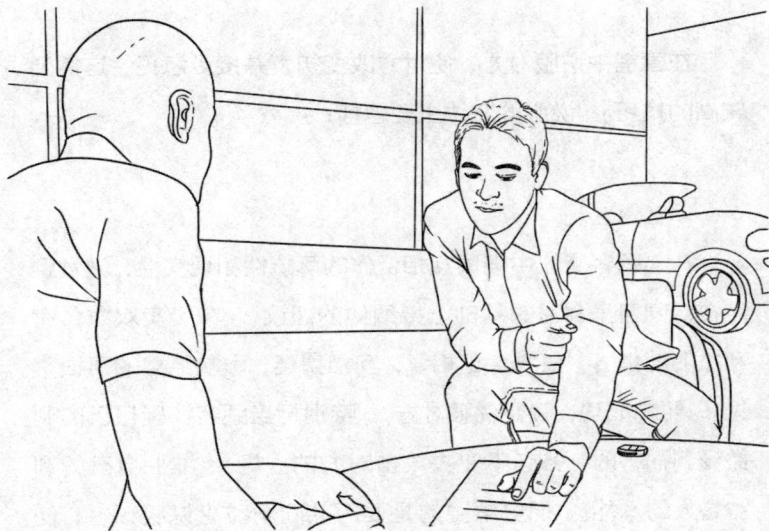

说服顾客有五个巧妙方法

在营销中说服对方，使对方改变初衷并接受意见，这需要较高的技巧。说服的方法主要包括：

1. 互惠互利

在与顾客交流中强调互相合作的可能性和现实性，激发顾客在认同自身利益的基础上接纳你的建议。在买卖双方各有利益的前提下，双方意见相背，互相猜疑，影响结果的事很常见。要想成功，就要说服对方。特别是当顾客怀疑自己的利益受到损害时，务必不要去攻击对方的立场。维护自己的利益是人的本能。但更重要的是要用共同利益来说服顾客，使顾客明白谈判成功并不意味着一方获利，另一方受损，而是实现双赢，找到共同的利益也是说服工作的依据所在。

2. 谦虚有理说服

营销中都会有令人满意或不满意的情况发生，双方都会有需要克服的反对意见。 这需要以正当方式去说服顾客。 若是你的产品或服务的缺点，你就要吸取这些意见，以表示你了解对方所说的话，并改进这些缺点。 虚心听取意见是一种无声的说服力，使顾客最终同意你的观点，并在合同上签字。 但若是因为利益协调的问题，你应当在得到指点之后，搜集更多的直观资料，让对方充分地了解实情。 用资料去说服对手要比用语言更能打动人心。

3. 复述内容

一旦开始讲话，就要通过复述或记录表现出你在跟随他的话题。

复述指重新表述顾客的意见。 这样做可以看看自己是否正确地理解了对方的话，鼓励对方详细解释他的建议，并表明你在倾听。 问答环节的讨论中，复述还能确保每个人都能听清讨论的内容。 要想复述得准，必须耐心听人把话说完。 注意主要思想、表述方式和主题，然后在听的过程中组织这些主要思想，而不是先评判它们的对错。 下一步，重复关键词或总结主要思想。 例如，"也就是说，你提出三条建议……"而后列出这些主要思想或者"担心的主要是……"

4. 听出顾客真实的意思

除了要听清顾客的话，还要注意他们的表达方式。 要能够听出话里话。 注意讲话人的音调、音量、面部表情以及肢体动作。 要投入自己的感情，换位思考。 还要主动表示出对顾客情感的理解："您好像更喜欢这种新款式"，或"您似乎对这种商品的功能不太满意",或"您好像很乐意再降低价格",等等。

5. 适当地做记录

在有些情况下可能需要你在听的时候记录。记录的行为能够说明你对顾客正讨论的话题感兴趣,正追随顾客的思路。从而,给顾客好感,让顾客也以真诚的态度对你。为最终成交打好基础。

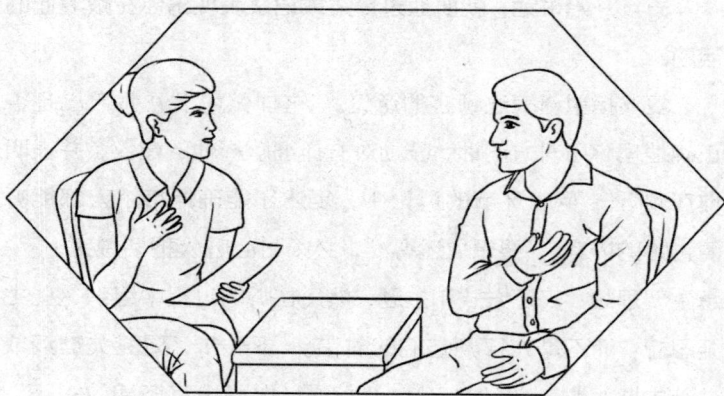

适时改变推销方式

在销售行业，有的销售人员在推销商品时，总是一味地介绍产品，讲到某个段落时，有人提醒他应在此时问顾客一些意见。销售人员完成任务似的问了一些问题，却生硬极了，像在念一篇演讲稿。甚至顾客回答问题时，销售人员也东瞟西瞄、心不在焉，根本没留心顾客说些什么。

许多销售员常常例行公事似的照着进度表上的事做，却忘了他们面对的是一个个活生生的人而非木偶。

一个年轻人在一家百货公司当业务员，第一天刚下班时，总经理就开始检查新员工的业绩。每个人都完成了 20 ~ 30 单的生意，而这位年轻人却只完成了一单生意。总经理皱着眉头问他："你卖了多少钱？"

"30 万美元。"年轻人告诉他。

"你怎么卖那么多钱?"总经理诧异地看着他。

"事情是这样的,"年轻人说,"一位先生进来买东西,我分别给了他小号、中号和大号的渔线。我问他上哪钓鱼,他告诉我在海边,于是我就建议他买条船。所以我带他到卖船的专柜,卖给他一艘帆船。然后他说他的汽车无法装载如此大的船,于是我带他到汽车销售部,为他选了一辆丰田新款豪华型'巡洋舰'并成功卖给了他。"

总经理听得目瞪口呆,几乎不敢相信这是真的,于是问道:"一个顾客仅仅来买个鱼钩你就能让他买走这么多的东西?"

"不是这样的,"年轻人说,"他是来为他妻子买卫生巾的,我就问他:'周末,干吗不去钓鱼呢?'"

优秀的推销员除了能满足顾客的需求,还要能够抓住顾客的心理,激发顾客的购买欲望,调动顾客的情绪,引导顾客购买更多的产品。而一般推销员只是因顾客需要什么,就介绍什么,却不能主动地诱导顾客。

销售人员在推销时绝不能千篇一律、盲目跟风,销售人员缺乏个性就难以取得成功。对别人的经验只能学习借鉴而不能照搬。优秀销售人员的头脑中绝不会塞满"应该怎么样"之类的结论,而是要根据顾客需求和客观情况,采取相应的最有效的推销方式。

普通的推销员推销商品的方法永远只有一种。他们的推销方法每天都一成不变，说同样的话，做同样的事，没有一点新颖之处。 销售是一种富有创造性的职业，对适合它的人来说是一种挑战，并能从中学到很多东西。 而那些让自己陷入单调无聊的访问，过着单调无聊日子的推销员，不仅不会推销商品，甚至连自己的工作都无法保住。

说服客户，这样说客户才会听

李先生，我们这儿新来了一辆车，内饰豪华，外观漂亮。来试一下吧，您开着一定很拉风。

销售要能说到客户心里去，这样才能引起客户的兴趣。

站在客户的立场着想，说服才能打动人。

您来我们这儿就来对了，您在别处买不到这么货真价实的翡翠手镯。

先生，您买鱼钩，说明您很爱钓鱼。有没有想过买一艘船呢？全家一起出海去钓鱼，那是成功人士的标配呢。

其实，我也一直想买一艘船。你推荐一下哪艘船好呢。

顾客来买鱼钩，最后被说服来买了一艘船，这就是顶级推销员的本事。

营销洽谈语言要精妙

在营销洽谈中，应当努力做到以下几个基本的语言要求。

1. 说真话

有的营销人员以为必须靠说假话、说大话影响顾客，这种观念是绝对错误的。真正有力的还是真话，养成讲真话的习惯，会给人以信任感。当然想要恰到好处地讲真话，少不了一定的文化修养。

2. 使用委婉语气

委婉语言，是用一种曲线办法来讲述事实的语言。中国语言含蓄、委婉，听话者更容易接受这样的语气。

有一位姑娘要拒绝一位小伙子，是这么说的："我父母说你人品好，有才干，待人又好，与你接触后，证明他们眼光真不错。能与你相识，我十分高兴。假使我们的交往能早一点，我们的关系一定能够继续发展，可以成为不只是一般的朋友。你聪明，善解人意，一定能知道我这句话的苦衷，让我们永远做好朋友吧！"

通篇没有一句直接拒绝的话，但听的人一定能够明白而且能接受。这样的例子很多，例如改"太冒失"为"欠考虑"；改"太胖"为"富态"；改"太瘦"为"苗条"；改"不对"为"应重新认识"……

3. 切勿轻许诺言

生意人应视信誉为生命的珍宝，一言一行，都要考虑到信誉。洽谈中，最忌讳的行为就是只图一时痛快。许诺了未必能做到的事情，倘若无法兑现，也就意味着你将失去了对方。即使有把握，也要讲究表达方式，给自己留下余地。但对方往往不喜欢含糊的回答，希望能得到直截了当的结果，此时，模糊语言能够起作用，你不妨说：

"如果无意外，两周内交货。"

"除非是特殊情况，三天内搞定。"

如果有把握能在两天内完成的，最好改口为三天，或是："我尽量争取在两天内完成，不过三天的时间肯定是充分的。"

如果实在有困难，要及时解释，以取得谅解。

营销工作中，往往从一些小事、小的诺言方面，就可以看出一个人的信用度，而信用正是建立彼此信赖的桥梁。

4. 善用幽默

诙谐的语言不仅悦耳动听，引人发笑，而且还可以拉近洽谈对方的距离。善于幽默的人容易讨人喜欢，人们之所以称相声演员为"语言大师"，就是因为幽默往往与积极的情绪连在一起。

营销人员在运用幽默语言时要注意以下几点：

（1）求高雅，避庸俗，庸俗的语言甚至会有形无形地伤人。

（2）避免太多太滥，引用一位语言学家的话："幽默就好像往语言的大菜里放味精，要适可而止。"

（3）迎合谈话的主题，听者们更感兴趣的并非主题而是幽默本身。

5. 善用鼓动

鼓动是一种较特殊的语言形式，它在营销中扮演了重要角色，许多顾客就是由于受鼓动而购买商品的，鼓动语言的最大特征就是富有激情，无论是内容还是表现形式，都是满富情感的；鼓动的语言多简短，有较强哲理性或煽动性，它恰到好处地抓住了对方的心理，影响对方的情绪。所以，一般来说，鼓动的语言都十分生动、干脆利落。

语言决定推销的成败

是否拥有"巧舌",决定着推销的成败。一个优秀的推销员,对于新人,不讲旧话;对于旧人,不言新语;对于浅显之人,不讲深意;对于深度之人,不谈俗论;对于俗人,不讲雅事;对于雅人,不说俗情。他们所说的话,都是有目的的。目的就是说出对方想说的话,引起沟通的热情。

如果是在办公室谈生意,称呼对方"张局长""李经理"就显得比较严肃正式,而若是到顾客家中做访问,则可根据对方的年龄、性别等称呼对方"赵大哥""王大妈"等;反之,要是不顾具体情况,在办公室也口口声声亲热地"赵大哥""王大妈"叫个不停,就会弄巧成拙,让推销失败。

为了将谈话切入正题,讲好第一句话十分重要。好的开场白能营造出轻松自然的气氛,能使推销员尽可能多地了解顾客,从而有针对性地展开说服,而言辞拙劣的开场白却可能令客户反感,无法顺利展开说服过程。

空调推销员可以这么说:"北京的夏天可真是越来越让人难以忍受。看来全球气温正在升高……"然后再察言观色,抓住时机表明来意。相反,如果一见面,劈头就是,"先生,我是来推销空调的……"这会显得过于生硬、直白,让人难以接受。

会说话的推销员会用婉转的语言表达。 如果顾客的皮肤黑,就说"肤色较暗";如果顾客个子矮,就说"身材小巧";如果对方腿有残疾,就说"腿脚不便"。 当着孕妇的面,要说"要当妈妈了"等习惯用语。 这就将顾客比较敏感的问题用比较婉转的说法表达出来,不至于伤害顾客的自尊心,并让顾客感到善解人意。

口才出色的推销员会根据顾客的不同个性和不同购买动机,有针对性地运用不同的讲解语言。 那种不分对象、千篇一律的套话,容易引起顾客的厌烦和反感。 发挥口才的作用能诱发顾客的购买欲望。

一位电子产品推销员在推销产品时，与顾客进行了这样一番对话：

> 推销员："您孩子快上中学了吧?"
>
> 顾客愣了一下："对呀。"
>
> 推销员："中学是最需要开启智力的时候,我这儿有一些游戏软盘,对提高您孩子的智力有益。"
>
> 顾客："我们不需要什么游戏软盘,孩子都快上中学了,谁还让他玩这些破玩意儿。"
>
> 推销员："我这个游戏卡是专门为中学生设计的,它是数学、英语结合在一块儿的智力游戏,不是普通的游戏卡。"
>
> 顾客开始犹豫。
>
> 推销员接着说："现在是一个知识爆炸的时代,不再像我们以前那样一味地从书本上学知识了。现代的知识要通过现代的方式学。您的观念需要更新,游戏卡现在已经成了孩子的重要学习工具了。"
>
> 接着,推销员从包里取出一张磁卡递给顾客,说："这就是新式的游戏卡,来,咱们试着弄一下。"
>
> 果然,顾客被吸引住了。
>
> 推销员趁热打铁："现在的孩子真幸福,一生下来就处在一个良好的环境中,家长们为了孩子的全面发展,花费了多少心血! 我去过的好几家都买了这种游戏卡,家长们都很喜欢这样有助于孩子智力开发的产品,都争先购

买呢！"

顾客已明显地动了心。

推销员："这种游戏卡是给孩子的最佳礼物！孩子一定会高兴的！"

结果，顾客心甘情愿地购买了几张游戏软盘。

在这里，推销员巧妙地运用了口才艺术，一步一步循循善诱，激发了顾客的购买欲望，使其产生了拥有这种商品的感情冲动，最终购买了商品，使推销取得成功。

的确，一句妙语可以引来滚滚财源，也可消解陷身之困。对于推销员来说，良好的口才是说服顾客的利器，是赚钱的根本，也是把握主动权的保证。

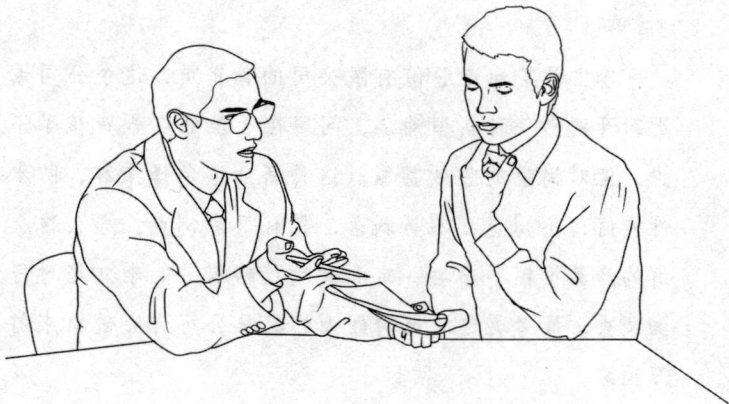

营销不能忘记赞美的力量

赞美的力量是巨大的。常言道:"美言一句三冬暖。"每个营销人员都应懂得对顾客"赞美"的重要性,而且还要会在营销中应用。

李立是某油漆股份有限公司的营销员,这个公司最近新开发出一种新型油漆,问题在于虽然广告费花了不少,但对销量的收效甚微。这种新油漆色泽柔和,防水性能好,不褪色,不易剥落,具有很多优点,那么这么好的产品推销不出去一定和营销策略有关。李立经过仔细调查,最终决定以市内最大的家具公司为突破口来打开销路。

这天,他直接来到这家家具公司,找到他们的总经理,开场白就是:"我听说,贵公司的家具质量相当好,特地来拜访一下。久仰您的大名,您是本市的十大杰出企业家之一,您能够在这么短的时间内,就取得这么辉煌的成就，您肯定是有了不起的才干。"总经理听完这些并没有多想，就开始向他介绍本公司的产品特点，并在交谈中谈到他怎样从一个贩卖家具的小贩，到成为生产家具的大公司总经理的历程，甚至还领李立参观了他的工厂，在上漆车间里，总经理拉出几件家具，向李立炫耀那些家具都是他亲自上的漆。听到这里李立顺手将喝的饮料倒了一点在家具上，又用一把螺丝刀轻轻敲打表面，总经理很快制止了他的行为，但是还没等总经理开口，李立发话了："这些家具从造型、样式上来看都是一流的，但这漆的防水性能不好，并且易剥落，色泽不柔和，影响了家具的整体质量，您看呢？"总经理连连点头称是，并承认这个问题，同时竟然提到听说某公司推出了一种新型油漆，但他本身并不了解，所以还没有订购。李立连忙从包里掏出一块六面都刷了漆的木板，只见它是泡在一个方形的瓶子里，此外还有另外几块上着各种颜色的漆的木板样本。李立介绍说，这块泡在水中的木板，已浸了一个小时，但是木板没有膨胀，说明漆的防水性能好，用工具敲打，漆不脱落，放到火上烤，漆也不褪色。就在总经理赞叹的时候，李立亮出了自己的营销员身份而且是这种漆的营销员。当然，这家公司很快就成了李立公司的大顾客，双方都从中受益。

在这则事例中，李立并没有一开始直接称赞自己公司的油漆多好，而是从赞美这家公司的产品入手，先是赞美了总经理的成就，随即又赞美了总经理的奋斗历程。 受到赞美的总经理自然非常高兴，带领他去参观其产品。李立趁其心情愉快，在车间内，不经意地点出其产品的油漆有些方面性能差，直接影响到了家具的质量，并在这个时候，顺理成章地展示了本公司最上乘的产品。相比之下，成功突出了本公司新型油漆的优点所在。于是，总经理很自然地接受了建议，认识到了新漆的优点。就这样，李立成功地争取到了这家客户，达到了营销产品的目的。

可能有些营销员觉得当面赞赏顾客太露骨，但要是你有这种心理，不要担心，不要着急，更不要"改正"，"改正"的结果只会让你的赞美显得太做作。这样也好，因为你已经具备了赞美的最高境界的条件。最好的赞美并不是赤裸裸的、直白的，而是拐弯抹角、迂回包抄的。当一个人向别人转告他人的赞美时，一定要心里坦然、表情自然，这样赞美效果也能达到最高境界。

对职位较低的顾客可以这样说："你们经理上回跟我说，你工作又快又好，叫你办事，他最放心。"

对职位较高的顾客可以这样说："你的员工们跟我说，你不但能干，有能力，有魄力，而且对待员工特别宽宏大量，跟你干是跟对人了！"

04

说服对手，
在博弈中掌握主动权

注意营造轻松的谈话氛围

"顾左右而言他"，这句谚语大家都知道。 如果是商务谈判，谈判还没开始的时候，如恰到好处地运用，它会助你获得成功。 在谈判开始的时候，尽管表面上大家都显得彬彬有礼，但内心往往还是惴惴不安的，谈判的时候就更加紧张。所以，不能刚刚见面就急着进行实质性谈话，要学会运用迂回入题的手段，为双方协调留点时间。 因此，谈判要从轻松的题外话开始，这样可以使谈判气氛从尴尬转向融洽，奠定好谈判成功的基础。

让气氛变融洽的方法有很多，最关键的是要找到轻松的话题，好的选择就是谈论这些话题：

（1）可以先从身边的事情入题，例如谈谈天气："今天好冷啊。""今年是个暖冬，都这时候了，气温还是这么高。""还是南方好，一年四季都气候宜人。"

（2）可以谈谈旅游，如："广西桂林的风景真美，有没有去过的?""我国的兵马俑闻名于世,有机会一定要去看看。""你们路过泰山的时候,去没去玩玩啊,感觉怎么样啊?"

(3) 也可以谈谈娱乐,如:"也不知道大家在昨晚的舞会上玩得怎么样? 张小姐的舞姿真是让人羡慕啊!""据说我们宾馆附近的KTV很不错,不知各位去过没有?"

(4) 或者谈饮食住行,如:"这儿的饮食,各位吃得顺口吗?""这几天变凉了,要多加衣服,可别感冒了。""这里居住得还是挺舒服的,有空调,这就比其他地方好很多。"

(5) 可以就旅行话题交流一下,如:"你们是准点到站的吗? 路上很辛苦吧。""这里有很多美丽的旅游景点,可以出去看看。"

(6) 有关兴趣爱好的话题也可以谈,如:"先生喜欢种什么花呢?""钓鱼需要有耐心,不然鱼不上钩。""我也喜欢搜集树叶,然而没有什么时间,所以搜集的品种不是很多。"

我们可以轻易就找到题外内容。 你可以根据具体情况随口一说,自然又有亲切感,用不着刻意修饰,不然显得很不自然。

当然也可以从"自谦"入题。 如果自己是谈判地的东道主,应该向客人谦虚地表示有些方面可能照顾不周,有没做好的地方,请原谅等;或者让主人介绍自己,表明自己并没有什么谈判经验,望大家多多指点,并希望和大家成为朋友等。

如果要谈判了，开头可以先介绍自己的队友。谈判之前，简要介绍一下自己队友的基本情况，如学历、年龄、成果等，这样紧张的氛围就得到了缓解，同时也暗示了自己这一方的实力，让对方不敢任意妄为，让对方有一定的心理压力。

　　如果谈判时就自己一个人，拿着相应产品，就先介绍自己的产品。在谈判之前，先简要介绍一下有关产品的生产、公司财务等基本情况，向对方提供基本的资料，这样可以向对方显示己方实力雄厚、信誉良好，让对方能够信任你。

　　总而言之，若交谈直奔主题往往会显得很突兀，可以采用迂回战术进行沟通。只要气氛缓和了，大家的谈判就很轻松，谈判的结果也会更满意。

细节决定成败

古语说："兵不厌诈。"谈判的实质就是斗智斗勇，斗耐力、斗实力。因此，商务谈判过程应该有来有往，交谈过程更是如此。独占谈话而过分表现自己，虽然可以快意一时，却往往会带来更大的损失。下列几个方面就是商业成功人士告诫我们在谈判中应注意的细节。

1. 不要独占任何一次谈话

中途打断对方、抢着说话，常会引起对方的反感；口若悬河，谈话抢尽了风头，反而会引起对方的逆反心理。善于谈判的人，在谈判中大都保持沉默，他们是倾听的高手，只有在关键的时刻才会说上几句话。要清楚地听出对方谈话的重点所在，最重要的一点就是听出对方话中所表达出的重点。谈话必须坚持有来有往，在不打断对方的原则下，适时地表达你的看法和观点，这才是正确的谈话方式。在交谈中，一定要用心去找出对方的优点、价值，同时进行适当的称赞和肯定，这是一种获得对方好感的重要手段。

2. 必须准备丰富的话题

在商务谈判过程中，为了不使谈话冷场，并有益于增进双方之间的情感交流，准备丰富的话题是有效的手段。丰富的话题有助于推动谈判向前发展，但有一点应记住：丰富的话题决不可用来向对方炫耀，否则对方会产生反感，这样的话，你就得不偿失了。

3. 深沉、适速的语调最吸引人

只有深沉的语调方能表达好思想，所以应设法使语调变得低调。同时，还要做到咬字清楚、段落分明。在日常生活中，如果你吐字不清、节奏混乱，非但对方无法很好地了解你想要表达的意思，而且还会给对方带来一种压迫感。

开车时必须依实际路况的需要，适当地调整车速。同样的道理，在谈判中时也要依照实际状况的需要，恰如其分地调整语速的快慢。

谈判时，要善于运用"停顿"的奥妙。"停顿"在谈判中非常重要，它要求我们应运用得恰到好处。"停顿"更有助于整理思路、引起对方好奇、观察对方反应、推动谈判进程等作用，一定要适当地加以运用。

谈判时声音的高低要适中。在进行谈判之时，对方能够清楚自然地听清你所说的话，这种音量就比较合适了。

在谈判过程中，要做到说话节奏与表情紧紧配合。每一个字、每一个词句都有它的意义。单用词句无法清楚地表达你的意思，还必须与你的神情与姿态相配合，这样你的谈话才会生动感人。

学会用提问左右谈判进程

谈判中要学会发问，以详细了解对方的需要和疑虑。谈判，就是要了解对方真实的需要，通过不断地协商，寻求解决办法。无论是对方个人的需要，还是他们所代表的团体的需要，对于谈判的成功都是至关重要的。因此，你必须利用各种渠道，获得多种信息，才能真正了解对方在想些什么、谋求些什么。

提问是谈判中必不可少的组成部分。边听边问，可以引起对方的注意，为他的思考提供方向，可以获得自己不知道的信息；可以传达自己的感受，引起对方的思考；可以控制谈判的方向，促成谈判产生结果。

但是，对于谈判中提出什么问题，怎么表述问题，何时提出问题等，都需要谈判者进行计划。因为提问方式不同，对方产生的反应也会不同。

谈判中的提问形式有以下几种：

1. 限制型提问

提问者在发问时有意识地把对方的答话控制在有利于自己的范围内，使对方很难对提问表示拒绝或不接受，这就是限制型提问。这种提问方式比较普遍，最为谈判专家津津乐道的例子是：

　　某家小店的顾客中有人喜欢在小米粥中加鸡蛋，于是，侍者在卖小米粥时总要问："加不加鸡蛋？"

　　有做事精明者建议侍者换一种方式问："加一个鸡蛋还是两个？"很快，不仅鸡蛋销量大增，小店收入也大大增加。

两个问句虽然都是选择问句，选择权也都在顾客手里，但作用大小却不一样。后一个选择问句跨过了要不要鸡蛋这个大前提，直接进入要几个鸡蛋这样的具体问题。这样，就把选择余地限制在对卖方更有利的范围内，无论顾客如何选择，有利面都比原来大得多。

进行限制型提问时，提问者要注意不要把问题的范围限制得过小过死，要让对方能够接受，如果过死，不仅对方不接受，反而还会造成不利影响。

2. 婉转型提问

提问者在考虑场合的情况下以比较委婉的语气和方法发问。这种提问是由于没有摸清对方虚实，于是，先虚设一问，投一粒"问路的石子"，可以预防因对方拒绝而产生尴尬的场面，又能探出对方的虚实，达到提问的目的。

例如，谈判者非常想把自己的产品推销出去，但他并不知道对方是否会接受，又不好直接问对方要不要，于是他试探地问："你觉得这种产品怎么样？你能评价一下吗？"如果对方有意，他会接受；如果对方不满意，他的拒绝也不会使双方难堪。

3. 攻击型提问

当谈判双方发生分歧时，出于某种考虑要显示己方的强硬态度，或者要故意激起对方的某种情绪，就可以使用攻击型提问。这种方式处理不好的话，容易造成双方更加激烈的争论。如："我倒是想问你一句，你这么说到底是什么用意？""如果我们不想接受你们的建议，你们会怎么办？"……

攻击型提问所表示出的不友好的态度，决定了它不能在谈判中任意使用。只有在谈判对方瞻前顾后、犹豫不决的情况下，偶尔态度强硬，倒可以促使对方下定决心。

4. 协商型提问

当你想要对方接受你的建议时，应尽量用商量的口吻向对方提问，如："你看这样写是否妥当？"这种提问，对方比较容易接受。而且，即使对方没有接受你的条件，但是谈判的气氛仍能保持融洽，双方仍有合作的可能。

谈判中何时提出问题也要讲究技巧。谈判中适时地提问，是掌握谈判进程、争取主动的一个机会。一般来说，提

问有这么几种时机:

1. 在对方发言完毕后提问

认真倾听对方的发言,不要急于提问。因为打断别人的发言是不礼貌的,容易引起别人反感。即使你发现了对方的问题也不应该贸然地打断对方,可先把想到的问题记下来,等对方发言完毕再提问。这样,可以全面地、完整地了解对方的观点和意图,避免操之过急,曲解或误解了对方的意图。

2. 在对方发言停顿、间歇时提问

谈判中,你发现对方发言,或不得要领,或纠缠细节,或离题太远影响谈判进程时,那么,你可以借他停顿、间歇时提问。例如,当对方停顿时,你可以借机提问:"您的意思是……细节问题我们先放一放,先谈谈主要观点好吗?""……第一个问题我们听懂了,那第二个问题呢?"

3. 在自己发言前后提问

谈判中,在自己发言之前,对对方的发言提出设问。此时并不一定要求对方回答,主要是自问自答。这样可以争取主动,例如:"对您刚刚提出的问题,我的理解是……""对这个问题,我谈几点看法……""价格问题,您讲得很清楚,但质量怎样呢?""我先谈一谈我们的看法,稍后请您再谈。"

自己的观点阐述完后,为了使谈判沿着自己的思路发展,牵着对方的鼻子走,往往还要进一步提出要求,让对方回答。

例如："我们的基本立场和观点就是这些，现在我们想听听您的看法。""我们对产品的质量要求就是这样，请问贵公司能否达到我们的要求呢？"

4. 在议程规定的辩论时间提问

大型谈判前，谈判双方会制定相关议程，设定辩论的时间。在双方各自介绍情况、阐述观点的时间里一般不要进行辩论，也不要向对方提问。但在辩论时间，双方可就任何问题辩论。

在这种情况下提问，要做到"知己知彼，百战不殆"。可以设想对方的各种答案，对这些答案考虑好己方的对策，然后再提问。

5. 在对方情绪好时提问

谈判者受情绪的影响在所难免。谈判中，要随时留心对手的心情，在你认为适当的时候提出相应的问题。

例如，对手心情好时，常常会轻易地满足你的要求，并且还会变得粗心大意，很容易露出口风。此时，你若抓住机会，提出问题，通常会有所收获。

谈判者在提问后应该给对手足够的时间来答复。同时，自己也可利用这段时间设想一下对手可能的答复或思考下一步的行动。

谈判中提问尽量围绕某一方面问题展开。谈判中，双方都有各种各样的问题。同时，不同的问题也存在着内在联系。因此，提问者就应该考虑不同问题的内在逻辑关系。不要正在谈这个问题，忽然又提一个与此无关的问题，使对方无所适从。并且，这种跳跃式的提问方式会让谈判对方感到很零乱，没办法理出头绪来。这样，你提出的问题，对方当然无法圆满回答。

学会在谈判中传递拒绝

谈判中，切忌直接否定对方，即使由于对方的坚持，使谈判陷入僵局。需要表明自己的立场时，不要指责对方，你可以说："在目前的情况下，我们能做到的只有这些，剩下的无能为力了。"

在这个时候，你想继续谈判就要做出让步。你可以这样说："我认为，如果我们能妥善解决那个问题，那么，这个问题就不会有太大麻烦。"如此一来，既维护了自己的立场，又暗示有变通的可能。并且，要细究语言上的细节，用"我""我们"代替"你""你们"。

有位长年从事房地产交易的人说，生意能否谈成，可以从顾客看完房屋后打来的电话上得知大概。大部分看完房屋的顾客，最后会说："我们再想想，电话联系吧。"从电话的语气中，可以明了顾客的心意。若是有希望的回答，语气一般会比较随意自然；反之，一开始就想拒绝的顾客，一般都会十分恭敬、客气。根据多年的经验，这位房地产经营老手能够轻易判断交易是否有可能成功。

所以，当你想拒绝对方，却不知道如何开口时，可以尝试使用敬语，使对方产生"可能被拒绝"的预感，让对方做好"被拒绝"的心理准备。

谈判中表达拒绝，一定要有策略。婉转地拒绝，对方会心服口服。相反，生硬地拒绝，对方则会产生不满。所以，一定要记住：拒绝对方，一定要以不伤害对方为前提。要让对方明白，你的拒绝是迫于无奈，并且感到很抱歉、很遗憾，从而使他坦然地接受你的拒绝。

在购买东西时，很多人都曾经遇到过"穷追不舍"的卖方，大部分人往往不知如何拒绝。一位太太是这样拒绝卖方的："不知道这种颜色合不合我先生的意。"还有一位少妇是这样拒绝的："要是我母亲，我选我喜欢的就行了，但这是送给婆婆的呀，送她这个，不知她会不会满意。"

显然，上面这些推谢之辞都很委婉，非常笼统。用这种笼统的方法拒绝对方，当然比直接说出对对方货物的不满意要好得多。总之，谈判中，是否会说"不"字，效果是大相径庭的。

谈判中，当你必须拒绝某事而又不愿伤害对方的感情时，应当想一些较好的借口。

例如："对不起，这件事不是我一个人能决定的，我必须与其他人商量一下。""等我向领导汇报后再答复你吧。""我们先将这个问题放在一边，先讨论其他问题吧。"

这种办法，虽然可以摆脱窘境，既不伤害对方的感情，又使对方知道你有难处，但是，总显得有点儿不那么干脆，只能暂时应付一下，过段时间肯定会再次提到。 总有一天，对方会发觉这就是你的拒绝，明白你以前所有的话都是托词，那么，后果可能会更糟糕。 所以，有时不如干脆一点、坦白一点，可以省去以后不必要的麻烦。

说服对手，在博弈中掌握主动权

我这是学区房，楼层好，价格不能低。

姐，现在孩子上学不按学区房派位了，房价太高卖不出去。

先掌握好信息，知己知彼，谈判才会有利。

我这是新车，就被你蹭这么大一块。你赔一万，这事也就了了。

对不起，是我不对。我已经报了保险，让保险公司给您修复如初。

化被动为主动，争取自己的话语权。

您一定想想办法，把我孩子安排进你们单位。

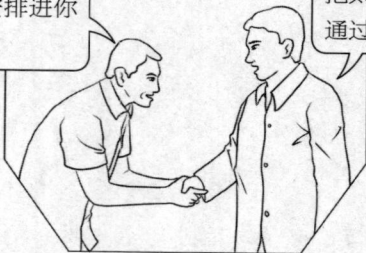

老张，我会尽力的。但是你不能抱太大希望。因为我们单位都是通过竞聘选人用人的。

有理由的委婉拒绝，既可以摆脱窘境，又不伤害对方感情。

随机应变，化被动为主动

应变能力也可称之为人的适应能力，是指能根据具体情况，迅速做出反应，并寻求恰当的方法，妥善解决问题的能力。现在我们生活环境复杂多变，面对的各种复杂问题越来越多，特别考验人的应变能力。那么我们在说服别人时就要灵活多变。

1. 攻防结合

说服要攻防结合。只攻不防，看似骁勇，实则并非善言。常言道："君子避三端：武士之剑端，文士之笔端，辩士之舌端。"就是这个道理。"避锋法"的要则，就是要善于及时避开对手"笔端""舌端"的锐利锋芒，必要时不惜"丢卒保车"，甚至"丢车保帅"，寻觅新的战机，化险为夷，变被动为主动。

例如，律师在为一个实施正当防卫的被告辩护的时候，要避开争辩原告的伤是重是轻，后果是严重还是轻微。这时只有及时撇开这一话题，马上转入被告为何要实施正当防卫，以及不实施正当防卫的后果这一关键论题，并予以充分的论证和有力的辩护，才能取得辩论的主动权。

2. 以退为进

说服中如果双方不让步，就会陷入僵局。对于这类问题的解决办法，一般是把可能引起争议的问题往后放，待双方把其他问题统一后再来讨论。这样做有两点好处，一是确保说服的顺利进行；二是先易后难，解决了简单的问题后，对剩下的问题双方都能抱着通情达理的态度，避免了在少数问题上耗费精力，过分纠缠。

法国一家广告公司拍摄广告片时，合同上写着付给这部广告片的主角珍妮 50 万美元。到了付片酬的时候，公司因为经营出了点问题，资金周转困难，希望用不动产作为酬金付给珍妮。珍妮则坚持按照合同上写的支付现金。

争论陷入僵局。但珍妮意识到如果以法律方式解决，不但自己要耗费大量精力于法庭上，而且还要付昂贵的律师费。就算打赢了官司也是得不偿失，广告公司照样拿不出钱来，而且还伤了自己与广告公司的和气。最后，珍妮做出让步，广告公司以每年连本带息的方式为珍妮付酬金，付款时间是三年。

其实，这种让步是以退为进，它不但使珍妮得到了酬金，还得到了相当于存银行的利息。 而且广告公司也得到了喘息之机，不致濒临破产。 对双方都有利的事情，何乐而不为呢？

3. 反言归谬

有时不必或不便正面反驳，要保持冷静，让对方尽力表现。 俗话说，"言多有失"，待对方充分暴露出某一错误论点后，顺着他的错误论点推导下去，直到推出一个与对方完全不同的结果或更加荒谬的结论。 这种方法就叫"反言归谬"法。

普林斯顿大学曾有一场关于科学世袭问题的讨论。其中一个人说："科学有世袭，因为居里夫妇的女儿也是诺贝尔奖获得者。"

"不错，她的确获得过诺贝尔金奖，'非欧几何'的创始人之一亚·鲍耶的父亲也是著名数学教授。但你不知道居里夫妇的女儿伊伦·居里是很勤奋的，她在实验室里和丈夫埋头苦干，节假日也不休息。小居里夫妇经过刻苦努力，发现了人工放射性物质，才双双获奖。亚·鲍耶小时候虽然也得过父亲的教诲，但他在数学上的见解却与父亲背道而驰，以致写出的论文父亲不予发表。由于学术分歧，导致父子感情破裂，父亲成了他前进路上的绊脚石。他们'袭'下来的只是父母为科学献身的宝贵精神。"

先肯定对方，居里夫妇的女儿的确获得过诺贝尔奖，然后，一步步推导下去，得出与对方完全不同的结论。这就是"反言归谬"法起到的成效。

一次，俄罗斯著名马戏丑角演员杜罗夫在演出后休息时，一个傲慢的观众走到他跟前，讥讽地问道：

"丑角先生，观众对你非常欢迎吧？"

"还好。"

"作为马戏班中的丑角，是不是只要生来有一张愚蠢而又丑陋的脸蛋，就会受到观众的欢迎呢？"

"确实如此。"杜罗夫悠闲地回答，"如果我能生一张像先生您那样的脸蛋的话，我准能拿到双薪！"

这个观众只好灰溜溜地走了。

杜罗夫先顺着他的观点承认自己不是由于表演艺术得到观众好评，而是由于生有一张难看的脸，然后，他用"双薪"反说对方的脸更丑，从而让对方哑口无言。

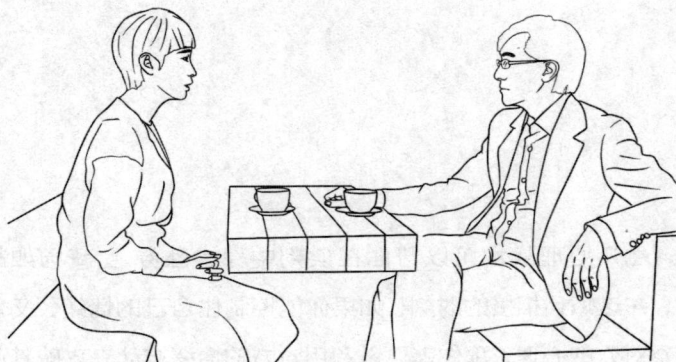

攻心是你取胜的法宝

善用心理战术可以帮你在谈判中稳操胜券。商场如战场，在这短兵相接的时刻，如果你能控制住自己的情绪，又能洞察对方的心理，那你就可以利用对方的情绪波动来攻破其心理防线，从而争取到自己的利益。切记：此时不可轻易泄露自己的底牌。

以下是心理战术的关键几点：

1. 因大失小

知己知彼是成为一名出色谈判者的首要条件。谈判过程中应当时刻牢记谈判的主要目的。你可以先把一些次要的问题渲染成很重要的问题，而且主动让对方占到便宜，此时，他可能会沾沾自喜，而你也要表现出十分勉强，并显出不得不为的懊悔之情，以满足对方的虚荣心，削弱、麻痹对方在关键点上的关注力。

让对方感觉他先处于优势，这样他反而乐意做一些让步，以显示自己的大度，从而使自己达到谈判的主要目的。

2. 把握感情用事的机会

谈判就是一场意志力的比赛。事实上，这是谈判双方个人耐心的较量、竞赛，谁先沉不住气，谁注定会失败。对方一旦出现急躁情绪，就表明他已经放弃了某些利益。这时，你可以伺机行动，掌握主动权，使谈判的天平向己方倾斜。

3. 让对方站在自己的立场上考虑一下

谈判的双方都本着双赢目标。先告诉对方自己的让步，并力争夸大让步，显示自己多么关注对方的赢利，然后一一摆出自己的为难之处，让对方一一照顾一下。这种情况下，对方便可能自觉或不自觉地做出一定程度的让步，而且多半会放出对己方较为有利的条件。

4. 适时地坦诚

在谈判陷入僵局或者濒临破裂的边缘时，适时说几句直率的肺腑之言。比如："这个合同对我来说非常重要，我十分想签下这份合同。"或者"你也看得出来，我真的想让我们双方都满意。""我十分想跟你长期合作，你的条件能不能有所变通？"要知道，适时地坦诚而谈，不但使谈判重新明朗，而且往往会消除彼此的成见。谈判僵局也会慢慢有所缓解，本来似乎不可能成交的局面，也会变得很有希望。

投人所好，得自己所求

在商务谈判中经常用到投其所好的策略，就同一件事物而言，因人不同在具体运用上也就会出现差异。 意思就是，在谈判中要了解对方的爱好，曲意逢迎对方，要让对方从心理上接近你，以获得对方的信任或赏识，以此来引导对方认同自己的观点，从而达到自己的目的。

迪巴诺面包公司设在美国纽约，该公司生产的面包物美价廉，各地顾客都非常喜欢，说远近有名一点不夸张。但怪就怪在，这家公司的面包却不曾为附近的一家大饭店所购买过。这家公司的经理迪巴诺为了向这家饭店推销自己的面包，把能用的手段都用了，诸如天天给饭店经理打电话介绍本公司的面包，每周都去饭店拜访经理，参加饭店举行的各类活动，甚至在这家饭店订了用来谈生意的房间。

四年如此也没有成功，确实费了很多心力，但却没能推销出面包。迪巴诺立誓要向这家饭店销售自己的面包。他了解到现在最主要的就是想办法使谈判成功。因此，他不再像以前那样，开始关注起饭店经理来。他多方搜集信息，了解到经理的爱好：经理作为美国某饭店协会的管理者，很喜欢这个职业，无论何时何地举行会议都要参加。迪巴诺得知后，就详尽地研究了该协会。他又见了经理，却没有提起面包，而是谈论饭店协会的事情。

这招起效了，饭店经理的兴趣大大增加了，他们更加亲近。经理非常开心，花了35分钟来和迪巴诺聊协会的事，还希望迪巴诺成为协会会员。没几天，这家大饭店的采购部门给迪巴诺面包公司打来电话，想要了解他的面包样式和价格，饭店要购买他的面包。迪巴诺很为这个消息感到兴奋，这么多年的付出有了回报。饭店的人问迪巴诺："我想不明白你用的什么妙招，你是如何获得我们老板的赏识的？"迪巴诺笑而不答。

上面的故事说明，虽然迪巴诺的面包质量好、价格合适，虽然他对经理经过四年的穷追不舍，他的推销工作仍无进展。但自从抓住饭店经理关心和感兴趣的问题以后，他改变了谈判策略，终于走出困境，实现了多年的愿望。由此可见，投其所好策略在商务谈判中的作用是毋庸置疑的。

如何在商务谈判中投其所好，具体方法很多，比如盛情款待谈判对手，让对手记忆深刻，在恰到好处的时候给对手一些小恩惠，赠送有意义的小礼品，陪谈判对手观光旅游等，这些手段都可以用来迎合竞争对手的兴趣爱好。 在和客户谈生意的时候，我们不妨也试试投其所好的方法。 这样不仅能办成事，还能取得对方的好感，给客户留下深刻印象。

说服家人，
让你爱的人听你的

化解夫妻矛盾有妙招

夫妻双方在处理一些矛盾的时候，不要过于任性、口无遮拦，而应该多为对方着想，有的时候不妨来一个"曲线救家"。一个聪明的妻子懂得用旁敲侧击、投石问路的方法处理问题，这种方法很值得借鉴。

一次，一位妻子在整理丈夫的书架时，无意间发现丈夫的书籍里夹有 1000 元钱。妻子想：从不知道丈夫有这笔钱，那么，这私房钱用来做什么呢？于是，这位颇有心计的妻子在丈夫的私房钱旁留下了一张纸条："你攒得好辛苦啊，不过，我相信你不会胡花！"一连数日，妻子一如往常。直到有一天，丈夫再次往书中放钱时，才发现了妻子的纸条，他主动跟妻袒露心迹："没想到，还是被你发现了，这是我用稿费积攒的钱。你嫁给我后吃穿俭朴，没有一件首饰。所以，我想攒钱买条金项链送你，生日时给你一个意外的惊喜。"丈夫一席话，说得妻子直流泪。

有时，丈夫虽然藏了私房钱，但未必有不轨之意。如果能以委婉的方式处理，不直接询问或揭穿丈夫的秘密，既让丈夫暗中下了"台阶"，给丈夫留有情面，又给丈夫留有思考和处理问题的余地。这样一来，就避免了正面冲突。另外，妻子不追究、大度宽容的态度也表现了对丈夫的信任和应负的责任。这种方法能维护相互间的感情，促使丈夫自觉地坦陈存私房钱的用意。

夫妻间产生矛盾，并非只能靠夫妻两人自己解决。相反，若借助家中第三者的力量为你们传情达意，或许效果会更好，这便是"曲线救家"的真正精髓。

有一名男子平日总是将收入如数上交妻子，因此，妻子对他十分放心。然而，有一天，妻子在丈夫写字桌的抽屉里发现了500元钱。妻子疑窦顿生：为何仍然私下攒钱？妻子顿时气上心头，很想等丈夫回来后臭骂他一顿。可是，她还是冷静下来，想：如果自己直接责问，丈夫没了退路，一定非常难堪。再说，也许有什么难言的缘故。于是，她授意上初中的儿子出面打探。果然，丈夫吐露了实话：那500元钱是丈夫搞一个科研项目得到的奖金，他打算在岳父70寿辰时作为寿礼交给妻子。至此，妻子不但内心豁然开朗、误会消除，而且心里充满了感激之意。

由此可见，"走弯路"不一定更费事。在处理家庭矛盾的时候，自己不直接出面，而让家庭其他成员出面，或许是更为巧妙的方法。 当然，不仅当妻子发现丈夫有私房钱时可以运用这个办法，就连吵架后的"讲和"，也可以迂回，从而实现"曲线救家"。

　　妻子和丈夫因为一件小事吵了一架，妻子倍感委屈。丈夫不知所措，不知道该如何跟妻子和解。正在这个时候，儿子放学回家了。丈夫马上对妻子说："儿子回来了，肯定饿了!"妻子见儿子回来，立即擦去眼泪，说："那就去给儿子准备点吃的，还坐在这儿干吗?"丈夫随即去厨房为儿子准备食物。这时，妻子便娇嗔一回，发发心中的怒气："看你笨手笨脚的，菜没洗干净，电饭锅里的水放得这么多。"对妻子的话，丈夫傻笑着，因为，这些话纯粹是平衡心理的需要，是小矛盾消散时的外交辞令。

　　几乎没有人能在吵架之后，毫无尴尬之感地对对方说："别吵了，我们讲和吧!"所以，通常情况下，"曲线救家"才是上策。

亲密"有"间，让爱情更长久

有人说："爱就要形影不离，亲密无间。"但对于结婚几年甚至十几年、几十年的夫妻来说则不然，他们以为，爱要做到亲密"有"间才能保持新鲜长久。

小丽和老公刚结婚的时候，真是爱得如胶似漆，好得鱼水难分。那时老公哪怕离开她一分钟，她都会紧跟在后边问："什么事?"或者"怎么了?"总认为自己是在关心爱护，却没有意识到口气即使再温和亲昵，也毕竟带着审查盘问的意思。有一天，老公喝酒中途突然跑了出去，几分钟后又迅速跑回来，小丽照常认真地问怎么回事。不料这一次她的老公却很反常："就是不告诉你。"稍停了一会儿，才半开玩笑道："昨天和一个女孩约好，今天中午12点在门前拐角处见面。这不，刚接了一个吻就回来了。"事实上，他只不过是出去买了一包花生米，但一句"不告诉你"，让小丽明白丈夫潜意识里想在精神上给自己留一间小屋，这是一类感情上的逆反心理，一种不领情的抵抗：抵抗你无微不至的关怀，抵抗你分秒不差的爱，也抵抗你凡事必究的好奇心和占有欲。试想平时在外面，本想和朋友聚会，可是一想到老婆的习惯，马上就兴趣索然。老婆的过分关怀甚至可以让丈夫窒息……身为一个妻子，又有谁会愿意因为自己的爱而使丈夫不开心呢？于是，反躬自省，小丽连忙保证："从现在开始，我会亲密有间地待你，让你保持婚前一样的身心自由。""真的吗？"老公感激地把她搂进怀里，"宝贝，好好给我当太太吧！这一地位已经够尊贵的了，何必还要费力不讨好地当兼职保姆呢？"

从此，老公下班回来后若不主动汇报一天的活动详情，小丽也会收敛起无限的好奇心，决不追根究底地去问个明白，以维护他的自主权和自尊心。

其实，男人的心本来就是一个一眼望不到边的世界，除非他主动展现给你看，否则，匆匆地偷窥，只会得到一团模糊的影子。而且，如果男人不心甘情愿地投降，你就是缴了他的枪，说不定他怀里还藏有一把匕首呢。

明白了这一道理，小丽开始注意自己对老公的言行举止，她不想人人羡慕的幸福家庭会成为他的"鸟笼"。对于一个家庭来说，"鸟笼"是个感情极端。但是，给他全部的自由以后，他反倒想钻进鸟笼里待一会儿或睡一大觉，这是个辩证的原理。

终于有一天，老公在客厅里走来走去，他忍不住道："奇怪，你怎么不问问我最近都干了些什么？"小丽很高兴："当然想听，但不包括你不想说的那些。"就这样，小丽"以退为进，以守为攻"，以沉默的尊重，终于赢得了和老公共享秘密的权利。老公奇怪地说："我真不知道，为什么要对你说这些琐碎的事情，而且还毫不厌倦，这到底是为什么？"因为小丽明白，这是由于她不再刺探他的隐私，也不会像个侦探一样紧紧盯着他，但是人都是需要倾诉的，男人也不例外。

　　家是一个坚固的堡垒，夫妻是这座堡垒里的守护神，如果有什么事，连亲密的夫妻都不方便说，那真是个沉重的包袱。

　　爱要亲密有间，这可以帮助你驾驶婚姻小舟，使它在情感风暴中不会迷失方向。 爱不需要那么火热，更不能那么霸道，好日子要慢慢品味，细水才能长流！

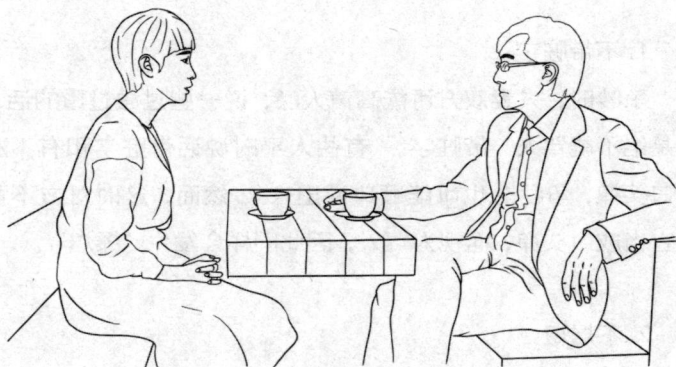

争吵有度，和好有方

即使是最恩爱的夫妻，相互间也难免发生争吵。 一般吵过之后也就完了，但是，如果争吵起来不加控制就可能激化矛盾，引出意想不到的坏结果。 所以，夫妻争吵有必要控制好"度"，即使在最冲动的情况下，也不要超越这个界限。

这里要注意以下几点：

1. 不带脏字

争吵时，夫妻双方可能高声大嗓，说一些过激过重的话，但是绝不能骂人、带脏字。 有些人平时说话带脏字和有不雅的口头禅，争吵时也可能顺口说出来。 然而，这时对方不再把它当成口头禅，而视为骂人，因此同样会发生"爆炸"。

2. 不揭短

一般说来，夫妻双方十分清楚对方的毛病和短处。 比如，对方存在生理缺陷，个子小，不生育等。 在平时，彼此顾及对方的面子而不轻易指出。 可是一旦发生争吵，当自己理屈词穷、处于不利态势时，就可能把矛头对准对方的短处，挖苦揭短，以期制服对方。

有道是"打人莫打脸，骂人不揭短"，大家大都最讨厌别人恶意揭短，这样做只会激怒对方，扩大矛盾，伤及夫妻感情。

3. 不翻旧账

有的夫妻争吵时，喜欢把过去的事情扯出来，翻旧账，拿陈芝麻烂谷子作证据，历数对方的"不是"和"罪过"，指责对方，或证明自己正确。这种方式也是很愚蠢的。夫妻之间的旧账很难说得清。如果大家都翻对自己有利的那一页，眼睛向后看，不但无助于解决眼下的矛盾，而且还容易把问题复杂化，让新账旧账纠缠在一起，加深彼此间的怨恨。夫妻争吵，最好就事论事，不前挂后连，这样处理问题，才容易化解眼前的矛盾。

4. 不涉及亲属

有的夫妻争吵时，不但彼此指责，而且可能把对方的父母、亲属也裹进来。如此把争吵的矛头指向长辈是错误的，也是对方最不能容忍的。

5. 不贬低对方

最容易激起对方反感的莫过于拿别人家的丈夫、妻子做比较，来贬低自己的丈夫或妻子："同样的收入，人家小陈家每月可存入几千元，你呢？月月超支，怎么当家的？"

俗话说："人比人，气死人。"要是对方接受数落，咽下这口气倒也罢了，就怕对方敬你一句："你觉得他（她）好，怎么不跟他（她）去过呀！"长此下去，夫妻关系必然产生裂痕。

6. 留下退路

小两口吵架，妻子的绝招之一就是抓上几件衣服或抱上孩子回娘家。此时丈夫如不冷静，在盛怒之下火上浇油，送上一句"永远不要回来"之类的伤人话，就会使事态更为严重。反之，当你觉得妻子的走已成定局时，如果施些补救之计，如追妻至大门外："你走了我怎么生活？""等一等，我去给你叫辆出租！""就当今天是星期天吧，明天就回来！"如此等等，话说到点子上，常能打动对方的心，即便是她走了，但感觉总是不一样的，这就为她的回归留下余地。

7. 打电话向对方道歉

当面讲难以启齿，可以选择在电话里讲，这样一来双方都比较自然、方便，也可以通过其他话题进行沟通。夫妻生活在一起，家务事总是有的。上班时，你可一个电话打给对方，以有事相商来引发对话。此种方法应既考虑对方乐意接受的内容，又给对方发表意见的机会。

8. 认错求和

如果一方意识到发生矛盾的主要责任在自己，就应主动向对方认错，请求谅解，如："好了，这事是我不好，以后一定要注意。""这件事是我考虑不周，责任在我，我赔不是，你就不要生气了，气出病来可不划算！"对方听了，一腔怒火也许就慢慢消了。

退一步说，即使错误不在自己一方，也可以主动承担责任。

9. 求助示弱

早晨起床时，已经几天没与妻子说上一句话的丈夫问妻子："你给我洗好的那件白衬衣放到哪里啦？"早已想和丈夫恢复正常的妻子见有了台阶，忙着应声："你这个人呀，总像客人似的，衣服放在哪儿都不清楚，我去给你拿来。噢，对了，昨天还给你买了件新的，只是忘了告诉你。""是吗，快拿来看看，还是老婆心里有我。"夫妻间斗气也没有忘了冷暖，这一来一去他们的关系自然就好了。在化解沉默中，女方"示弱"也是一小招。如早晨或晚上表现出不舒服、不想动，都能引出丈夫的话题，使男人因为关心妻子而开口，但这绝不是屈从的表现，也不会有损于大丈夫的形象。

10. 直言和解

如果双方的矛盾并不大，只是偶然出现摩擦，就可以直截了当地和对方打招呼，打破沉默。如说："好了，都过去了，不要再憋气了。"对方会有所回应，言归于好。也可以装作把所有的不愉快都忘掉，像什么事也没有发生似的，主动与对方说话，双方接住话头，一切皆好。如上班前，丈夫问妻子："我的公文包呢？"见丈夫没有记仇，妻子也不好意思不理睬，应声道："不是在衣柜上吗？"因此僵局打破。

11. 幽默和解

可以开个玩笑，如说："你看世界上的冷战都结束了，我们家的冷战是不是也可以松动一下？""不要拉长脸啦！天有阴晴，月有圆缺，半月过去了，月儿也该圆了吧！女人不是月亮吗？"对方听了大多都会"多云转晴"的。

只需一方主动，采取相应的沟通方式，巧用言语，就可以尽快打破僵局，让家庭生活恢复往日的欢乐与和谐。

其实，不论是哪种方式和解都只是形式。双方能成为夫妻，是一世的缘份，应该相互包容，相互从内心爱对方，那么就会少一些矛盾，多一些理解，家才能成为幸福的港湾。

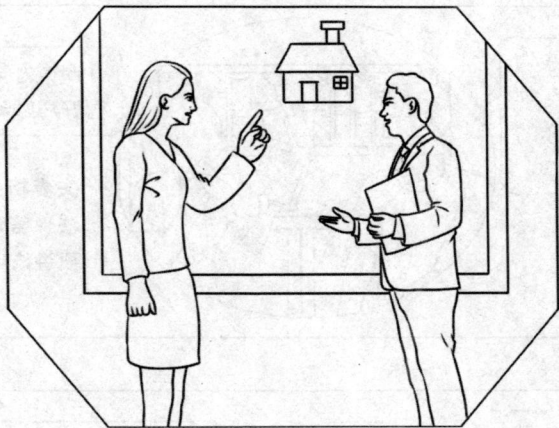

说服家人，让你爱的人听你的

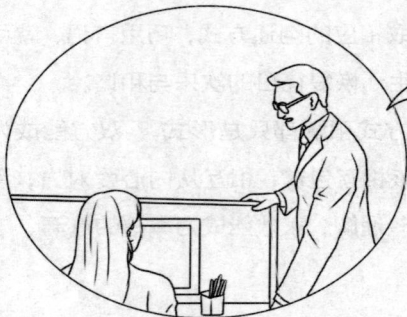

今晚7点半有场漫威的新电影，想不想一起去看一下漫威老头子的风采？

邀约讲方法，才能赢得美女心。

我是想攒钱为你买一条项链，作为你的生日礼物。

你攒得好辛苦、藏得好巧妙啊。

夫妻相处有方法，言语往来要讲技巧。

妈妈，为什么我很努力，却得不到我想要的结果。是我不够优秀吗？

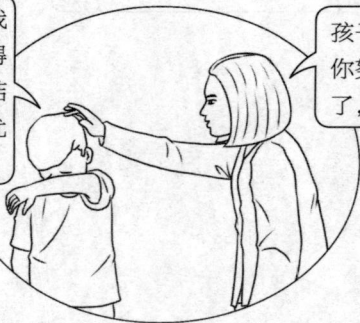

孩子，你很优秀。只要你努力了就已经很优秀了，结果不重要。

多给孩子赞美与鼓励，你的说服才能变成孩子前进的力量。

说服孩子先讲情

孩子希望父母能懂得自己的情感或情感上的焦虑。因此，父母必须要掌握情感交流的方法，做孩子倾心的垃圾桶，加强亲子之间的信任和感情。

作为孩子，如果遇到了问题或烦恼，首先想到的是寻求父母的帮助。如果做父母的不善于与孩子交流，也就阻断了与孩子之间的沟通渠道。

小花是一个既紧张又爱哭的女孩子。她与表妹小羽相处了一个假期。暑假快结束时，小羽就要回家了。小花非常舍不得，失落地与妈妈倾诉道："羽羽就要走了，以后又只有我一个人了。"

妈妈很轻快地说："你再去找一个好朋友就好了。"

小花回答说："可我仍然会感觉到寂寞。"

妈妈开始安慰她："过不了多久，你就会忘了。"

"啊?"小花说着说着便流下泪来。

妈妈生气了："你都快念中学了，还是这么爱哭。"

小花失望地瞪了一眼妈妈，跑进卧室里，哭得更伤心了。

怎么会形成这种局面呢？ 原因在于家长忽视了孩子对于友情的渴望。 孩子对自己的感情需求很在意。 然而，处于世故与冷漠世界的成人忽略了孩子的情感需求，对孩子的情感波动关爱不够。 这种对待孩子情感反应的方式显然不利于父母与孩子之间的情感交流。

事实上，孩子们最需要的就是父母对他的重视。 母亲或许这样做更合适：女儿很难过，我应该尽最大的努力来帮助她。 尽量设法使她知道我明白她内心的感觉。 如果这样想，便可这样安慰女儿，"羽羽走了，让你觉得很寂寞""你们俩这么要好，真舍不得让她走""你会想她的"，如此便会让女儿觉得你理解她。 父母对于孩子的了解和同情是情感的绷带，可以治愈孩子受伤的心灵。 因此，为使亲子交流更为通畅，做父母的也必须要对情感交流的技巧加以自觉地领会。

做父母的如何才能架设好与孩子之间情感交流的"桥梁"呢？ 比较实际的做法就是突破彼此间的交流隔阂。 使孩子自己主动坦陈意见、判断和感受，为孩子开凿一条路径，引导孩子去说话，使孩子在交流过程中发泄自己的情绪，厘清自己的思路，从而真正找到解决的办法。

下面为大家提供一些简单而实用的例子：

"哦！"

"我懂了！"

"有意思。"

"怎么样啦？"

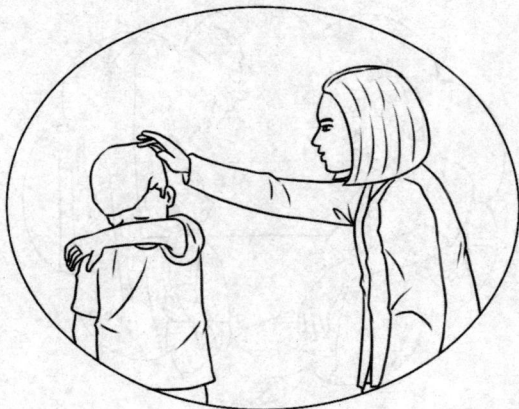

"真的？"

"我简直不相信，真是这样？"

进而引导孩子去讲、去说更为有效：

"把这件事情讲给我听听。"

"我想听听这件事情。"

"后来呢？"

"听起来你对这件事情有话要说。"

"这件事看起来对你很重要。"

"咱们一起来讨论一下吧。"

只要引导孩子表达自己的情绪，并表示出父母的理解和关爱，孩子的情绪就会释然，就会拥有一个好心态开心地学习、生活。

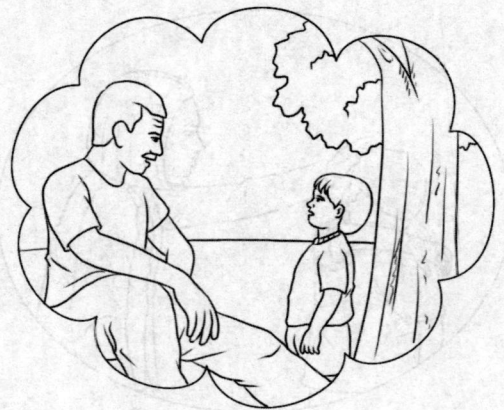

平等地和孩子交谈，让孩子更爱你

　　青春期的孩子已经有了一定的自我意识，希望能更自主地生活，对父母的意见不会盲从，甚至会顶撞、不听话、惹是生非。在这种情况下，如果父母不能从心理变化的角度来理解孩子，仍然唠唠叨叨、严防死守、非打即骂，那必将加重孩子的逆反心理，最终使家庭教育走向失败。

　　许先生是北京某大学的教授，在谈到身为父母如何与孩子说话时，许先生满怀深情地说："面对儿子青春期的逆反心理，作为家长，我深刻地感到了压力。以前孩子每天爸爸长爸爸短地缠着我说个没完，什么班里某某同学今天被老师批了，某某老师讲了一个很风趣的故事等，常常是滔滔不绝、兴高采烈。可近一年来，儿子已不再如以前那样跟我聊天，也不像以前那样亲昵，有时候还会对我说的话置之不理。每当这时我是又伤心又恼火，甚至会痛骂他一顿。但从此之后，他的话更少了，放学后迟迟不回家。我觉得儿子与我心理距离越走越远了。在惶惑中，我开始反思，是什么使我和儿子在心理上和感情上分开了呢？

"我想起儿子刚来北京时，每次吃饭的时候，他一提起话头，疲惫不堪的我马上制止了他：'吃饭吧，吃完了再说！'儿子吃完饭，刚讲了几句，我又发令了：'先写作业吧，否则又得熬到深夜。'于是儿子的话语就渐渐少了。我又想起，儿子有一次没完成作业，我不分青红皂白就训斥了一顿，并下了一道死命令，今后不完成作业，就别跟我说有什么要求。事后才了解到他那天晚上一直在赶制两天后参加科技创新大赛的作品。想象得出，那天的我一定不是一个和蔼的父亲。儿子就是这样被我这个高高在上的父亲赶走了！

"反思了很久，我终于醒悟过来，便找了单独的时间与儿子进行了长谈。首先，我向儿子诚恳地道了歉，并希望得到他的原谅。儿子抱着我哭了，他说他很孤独，有时也很累，他真希望爸爸妈妈理解他，也能像朋友那样分享他的快乐。这次长谈之后，我调整了自己的教育方略，凡事以商讨、建议的口气进行，像是一对亲密的朋友，再忙，都要坚持每天同儿子交流对一些人和事的看法，尽可能陪孩子玩会儿球、散散步。现在，儿子又和我亲近起来，家里又重新有了欢乐的笑声。

"我庆幸自己懂得了去理解孩子，放下架子，蹲下来同孩子说话，终于在情感上重新找回了儿子。"

一位访澳归来的老教师，在谈到澳洲的教育方式时说："澳大利亚的家长蹲着和孩子说话给我留下了很深刻的印象。一个周末，我们邀请了一对青年夫妇和孩子来吃晚饭，小孩早早就吃完了，要下地去玩时，这位家长蹲下来对小孩子说话。当时，我感到很惊讶，以为这是这位妈妈特有的教育方式而未再多问。又一个周末，当学校的一位秘书述蒂请我住到她家共度假期时，我又一次见到这动人的情景。

"当我们一同去超级市场时，4岁的儿子因为姐姐先坐进汽车而不高兴了。述蒂在车门口蹲下，两只手握住儿子的双手，脸对脸，目光正视着孩子，诚恳地说：'罗艾姆，谁先坐进汽车并不重要，对吗？'罗艾姆看着妈妈会意地点点头，便乖乖地钻进了汽车，并挨着姐姐坐下。

"第二天上午，我们和孩子们去公园玩，罗艾姆欢喜雀跃，到湖边去看戏水的鸭群时，不小心绊了一跤，两眼噙满了泪水，马上要流出来。这时，述蒂又很自然地蹲下来，亲切地对儿子说：'只有小宝宝才摔倒就哭呢，是不是？你是个大男孩儿，绊一下没关系的，对吗？'这时，我也试着学着蹲下与他说话，面对着罗艾姆说：'是的，你是个大男孩了，对吗？'孩子一下子就收住了眼泪，自豪地玩去了。

"这时，我禁不住同述蒂谈起了对孩子的教育方式。她说：'在我小的时候，父母就是这样教育我的。我们认为，孩子也是人，也是独立的人，他们也希望平等地交流，我们就应该蹲下来同他们说话……'"

澳大利亚母亲的言语和行为使人想到：家长蹲下来同孩子在同一个高度上谈话，同孩子脸对脸、目光对视着谈话，这是一个家长能够给予孩子的尊重，体现了成人对小孩子的事情或问题认真亲切的态度。同时，家长可以轻声细语地耐心进行说服教育，而不是居高临下，更用不着大声呵斥。

　　采用这样的教育方式，能促使孩子意识到自己同成年人是平等的，自己是受到尊重的，有利于从小培养孩子独立自尊的人格；"蹲下去"能帮助孩子认真对待自己的问题或缺点；它也为孩子创造了乐于接受教育的良好心境，而不是对孩子唠唠叨叨或加重他的逆反心理。

　　如果我们总是站着面对孩子，相差的就不仅是身高上的几十厘米，而是一代人与一代人之间的距离、一颗心与一颗心之间不能沟通的距离。与孩子对视着交流，对孩子来说是一种极大的关心与理解，是儿童能够接受的一种爱护；蹲下身来和孩子说话，儿童离我们的距离就会缩短；蹲下身来和孩子说话，是我们关心儿童内心世界的一种方式；蹲下身来和孩子说话，营造出来的是一种民主、和谐的相互尊重的成人与儿童的关系，将会使每个孩子一直在阳光下成长。

赞美促使孩子成熟

1. 赞美或批评可以决定一个人的命运

"你笨得一无是处!"一位妇女对她的小儿子大声呵斥,声音之大,惊动了周围所有素不相识的人。 受到训斥的小男孩神情沮丧。 也许这只是一瞬间的事,可这样的事累积起来,影响力不可低估。 这些伤人的话,说者无意,听的人则遭受到巨大的打击。 "你真蠢,什么事都不会做!"遗憾地成为不少人的口头禅。

马尔科姆·戴尔科夫强烈地反对家长们打击儿童的自信心。

他从事作家职业已经 24 年,主要是从事广告写作。他认为,自己之所以有今天的成就,完全归功于年幼的时候受到老师的夸赞和鼓舞。

戴尔科夫小时候住在伊利诺伊州的罗克艾兰,因为没有依靠,所以胆小。1965 年 10 月的一天,他的中学英语老师露丝·布罗奇给学生布置作业，要求阅读《捕杀一只模仿鸟》末尾一章之后，自己续写下一章节。

戴尔科夫写完作文交了上去。如今他已想不起故事的内容，也忆不起布罗奇夫人给他打了多少分。但他永远记住了布罗奇夫人在他的页边批下的四个字："写得不错！"

这只言片语，鼓励了他发生巨大变化。

"我从不知道自己能干啥，将来做什么，"他说，"可因为老师的评语，我回家立马写了一篇短篇小说——这是我一直梦想要做但觉得不可能做到的事。"

后来在校期间，他写了许多短篇小说，并总是带给布罗奇夫人评阅。她为人严肃而真诚，不断给他打气和鼓励。"她是最好的老师。"戴尔科夫说。

后来他成了这所学校的编辑。他由此越发自信，眼界也变得越来越宽阔，就这样，他开始了卓有成就的一生。戴尔科夫确信，如果不是因为老师对他的鼓励，他不可能取得今天的一切。

在他第 30 次出席母校举行的联欢会时，他去拜访这位曾经鼓励他的老师。他谈及当年她那四个字的巨大力量，并说也正是因为她给了他当作家的信心，他才得以把这份信心传递给另外一个女人，这个女人就是即将成为他妻子的另一个作家。

布罗奇夫人听了特别感动。"那一刻，我想我和老师都认识到了当年那几个字令人难以置信的分量！"戴尔科夫说。

2. 孩子们最需要的是赞美和鼓励

　　珍妮丝走向教室时，就听到奇怪的动静。在转角处，她看到两个男孩在打架。

　　珍妮丝决心要插手这件事，忽然间，有 14 双眼睛盯着她瞧。珍妮丝知道自己看来不太自信。这两个男孩互看一下，又看看珍妮丝，不情愿地回到自己的位子上去。

珍妮丝想要把准备的课程教给他们，却感受到了大家的敌意。

"女士，别浪费你的时间了。"他告诉珍妮丝，"我们都是白痴！"说罢，留下珍妮丝，自己回家了。

珍妮丝深受打击，跌坐在椅子里，并怀疑她能否胜任这个岗位。像这样的问题可以解决吗？珍妮丝告诉自己："我只吃一年苦头，在明年夏天我结婚以后就换工作。"

白痴！那个词一直在珍妮丝脑海盘旋——她知道需要用些特别的方法。

第二天，珍妮丝要求其他老师不要干涉，她决定用自己的方式处理。

珍妮丝到了课堂上，扫视全班后在黑板上写下 ECINAJ 几个字。

"这是我的名字，"珍妮丝说，"谁能说出它的含义？"

他们告诉珍妮丝，这是个怪名字，他们从没见过。珍妮丝又在黑板上写字，这次写的是 JANICE，几个学生念出了这个字，送给她一个微笑。

"这是我的名字。"珍妮丝说，"我有学习上的障碍，医学上叫'难语症'。我开始上学时，没法正确拼出我的名字。我不会拼字，更不用提数学。我被贴上'白痴'的标签。没错——我是个'白痴'。我还能想起别人的嘲笑，感觉那种难堪。"

"那你怎么做了老师？"有人问。

"因为我恨人家这么叫我，我并不笨，而且我喜欢学习。今天我要说的是，如果你喜欢'白痴'这个称谓，那么趁现在到别的班级去吧！这个房间里可没有白痴。"

"我也不会让你轻松如意，"珍妮丝继续说，"我们必须一起努力进步。你们会毕业，我希望你们有人会上大学。我们一定要做到！我再也不要听到'白痴'这个字了。你们了解吗？"

学生们开始有些变化。

珍妮丝和学生们确实很努力，他们终于赶上了进度。马克的表现尤其出色。她听到他在学校里告诉另一个男孩："这本书真好。我不再看幼稚的书了。"他手上拿的是《杀死嘲笑鸟》。

6月到了，他们的求知欲依然强烈，但他们也知道老师即将离开去结婚。当她在课上提到这件事时，他们很明显地骚动难安。珍妮丝很高兴他们变得喜欢自己，也感觉到他们是不想让自己走。

最后一天来学校时，校长在学校入口大厅迎接珍妮丝。

"可以跟我来吗？"他坚定地说，"你那个班有点问题。"他领着珍妮丝往班上走。

珍妮丝担心出什么事了。

她太惊讶了！整个教室到处都是花，讲台上更有一个巨大的花篮。他们是怎么弄的？珍妮丝怀疑。他们大多家境贫寒，温饱都不能保证。

珍妮丝哭了，孩子们也不舍地哭了。

后来，珍妮丝终于弄明白，马克周末在地方上的花店打工，看见珍妮丝教的其他几个班级下了订单。他提醒了他的同学，自尊心很强的孩子们不想落后，于是马克要求花商把店里所有"不新鲜"的花给他。他又打电话给殡仪馆，请求帮忙把花送给一位离职的老师，于是他们答应把花给他。

这并不是故事的结束。两年后，14个学生都毕业了，有6个还得到了大学奖学金。

有些人之所以不讨人喜欢，是因为我们决定不喜欢他们。如果我们站在他们的立场，信任他们，鼓励他们，赞美他们，那么大家就会越来越亲近，他们也一定不会让你失望。

3. 满足孩子喜欢被承认的愿望

有一天，一位父亲带着一个自卑的孩子到心理医生那里去。那个孩子已经被严重灌输了"自己没有用"的观念。刚开始，心理医生无论用什么方法他都一言不发。因而心理学家一时之间也真是无从着手。后来，这位心理学家从他父亲的谈话中找到了医治的线索。

他的父亲坚持着说："这个孩子一无是处，我看他是没指望、无可救药了！"

心理学家想到了治疗方法，找出他的长处——甚至可以说他在这方面具有聪颖的天赋，还颇有高手的意味。他家里的家具被他刻伤，到处是刀痕，家长因而惩罚他。

心理学家买了一套雕刻工具送给他，还送他一块上等的木料，然后让他学习系统的雕刻技术，不断地鼓励他："孩子，你是我所认识的人当中最会雕刻的一位。"

从此以后，他们接触得频繁起来。在接触中，心理学家慢慢强化他的承认心理。有一天，这个孩子竟然主动去打扫房间，使所有人都吓了一跳。心理学家问他："你为什么这样做？"孩子回答说："我想让老师您高兴。"

人们都渴望着他人的承认，而夸奖别人一句并非难事。

4.多给孩子鼓励和赞美

所有的母亲都坚信自己的孩子聪明过人，伍德太太也不例外。每次学校召开家长会，她都热心地去参加，想听到自己的两个孩子——特德和詹妮弗的表扬。凡是有特德参加的曲棍球比赛，伍德太太每场必到，她相信特德肯定表现优异。詹妮弗上完钢琴课或溜冰课后，伍德太太总是盼望能有老师的称赞——虽然结果往往令她失望。

一直以来，伍德太太鼓励孩子们勇于做各种尝试——体操、游泳、滑冰、音乐。虽然他们尚未显示出特殊的才能，但她相信他们不同凡响，她一向鼓励他们尽力发挥其所长。

伍德太太主张：母亲都应该给孩子信心，让孩子知道你相信他们会出人头地。孩子需要这种支持，因为他们尚缺乏自信心，人们的掌声能鼓舞他们，而母亲的赞美和鼓励将鞭策他们前进。

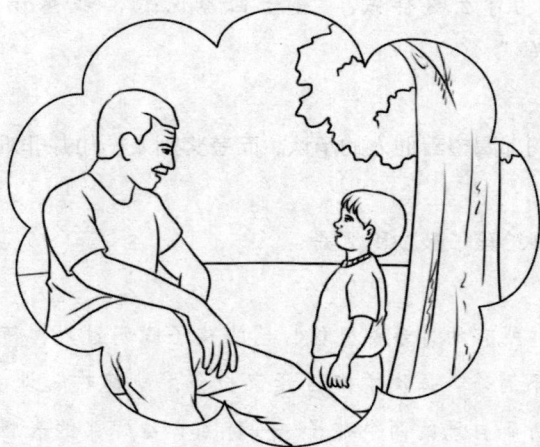